Diana Cooper

Ich schenke mir ein neues Leben

W0360383

Diana Cooper

Ich schenke mir ein neues Leben

Sieben Schritte zu mir selbst

Aus dem Englischen
von Manfred Miethe

Ansata

Grahame,
der bedingungslose Liebe lehrt,
in Dankbarkeit gewidmet

Inhalt

Einführung

Wie oft in meinem Leben war ich zornig oder verletzt, wie oft fühlte ich mich einsam! Immer wieder fand ich mich in schwierigen Situationen und Beziehungen wieder, ohne einen blassen Schimmer, wie ich eigentlich hineingeschlittert war. Ich war auch oft krank. Dennoch: Irgendwie blieb in mir die Überzeugung lebendig, daß ich meinem Leben einen Sinn geben könnte – nur wußte ich nicht, wie ich mich selbst und meine Lebensumstände ändern sollte. Ich hatte keine Ahnung, wie ich mit mir selbst in Kontakt treten könnte.

Heute, nach Jahren des Suchens, weiß ich, wie ich meine Gefühle ändern und mir andere Lebensumstände schaffen kann. Ich habe begriffen, wer ich wirklich bin. In diesem Buch möchte ich Ihnen zeigen, warum für uns die Dinge so sind, wie sie sind – und wie wir sie ändern können.

Alles, was uns im Leben widerfährt, ist das Ergebnis unseres Denkens und Glaubens. Unsere äußeren Erfahrungen sind getreue Spiegelbilder dessen, was im Inneren vor sich geht. Gut und schön, wenn wir dies begriffen haben. Nur wissen wir dann immer noch nicht, wie wir uns selbst verändern können. Oft höre ich: »Ich weiß, daß mein inneres Kind verletzt ist, aber was soll ich denn bloß tun?« Oder: »Ich weiß endlich, daß ich mir diese Situation selbst geschaffen habe. Wie aber wie kann ich sie verändern?« Oder auch: »Ich möchte ja lieben, aber ich weiß doch nicht, wie!«

Die Übungen in diesem Buch zeigen Ihnen, wie. Und zwar so, daß Sie ganz bestimmt damit etwas anfangen können, wenn Sie wollen. Durch Meditationen, Visualisierungen und einfache Zeichenübungen können Sie eine Menge über sich selbst erfahren. Und mehr noch – Sie können jene Überzeugungen und Einstellungen, die für Ihre Probleme verantwortlich sind, wirklich ändern! Denn dies ist eine wirkliche Gesetzmäßigkeit: Sobald sich unsere Einstellung gegenüber Situationen und Menschen zu ändern beginnt, ändert sich auch unsere Situation, und selbst die Menschen in unserer Umgebung reagieren anders auf uns. Das ganze Leben wird dadurch harmonischer.

Es gibt zwei Möglichkeiten, mit diesem Buch zu arbeiten. Entweder fangen Sie am Anfang an und gehen die Übungen nach und nach durch. Das wird Ihr Bewußtsein allmählich erweitern. Oder Sie suchen sich ein Problem heraus, lesen nach, wodurch es entstanden ist, und machen die entsprechende Übung, wann immer es Ihnen nötig erscheint. Wenn Sie sich beispielsweise überlastet und nicht angemessen gewürdigt fühlen, schauen Sie unter »Märtyrer« nach. Erfahren Sie, wie Sie sich selbst in diese Situation gebracht haben. Fassen Sie den Entschluß, sich zu ändern, und führen Sie die Übungen aus. Oder, wenn Sie verspannte Schultern haben, schauen Sie im Kapitel »Verwandeln Sie Ihren Körper« unter »Schultern« nach, und beginnen Sie dort. Ich empfehle Ihnen, die Texte der Visualisierungsübungen auf Kassette aufzunehmen, um sie sich beim Üben vorspielen zu können. Oder Sie bitten eine vertraute Person, sie Ihnen dabei vorzulesen.

Zum großen Teil können Sie Ihre Gedanken und Einsichten direkt in dieses Buch eintragen. Dafür ist an den entsprechenden Textstellen Platz gelassen worden. Ich schlage Ihnen vor, darüber hinaus ein Tagebuch zu führen. Hier können Sie auch Bilder, die in Ihr Bewußtsein treten, wenn Sie mit dem Buch arbeiten, in Zeichnungen festhalten. Noch ein Tip: Datieren Sie die Übungen, nachdem Sie sie ausgeführt haben. Niemand kann sich alles merken! Wenn Sie sechs Monate später wieder nachlesen und die Übungen wiederholen, werden Sie überrascht sein, wie sehr Sie sich verändert haben.

Wir alle sind ein Teil der göttlichen Energie. Sie mit ihr in Einklang zu bringen, ist eine Absicht dieses Buches. Auch Sie sind ein einzigartiges und machtvolles spirituelles Wesen, das sich einen Körper gewählt hat, um Erfahrungen als Mensch zu machen. Es ist an der Zeit, daß Sie Ihr Leben verwandeln, indem Sie sich daran erinnern, wer Sie wirklich sind.

Diana Cooper

Verwandeln Sie Ihr Glaubenssystem

Das Glaubenssystem

Ich bin der festen Überzeugung, daß wir alle unser Leben verändern können, wenn wir nur wollen. Die meisten von uns spüren, daß in ihnen ein großes Potential an Kreativität und Kraft verborgen liegt. Aber sie spüren auch, daß sie dazu (noch) keinen Zugang gefunden haben.

Dies ist ein Praxisbuch. Es enthält zahlreiche Übungen, die den Prozeß des Wandels anstoßen und voranbringen sollen. Wenn wir erst einmal begriffen haben, daß wir die volle Verantwortung für das, was wir uns erschaffen haben, übernehmen müssen, haben wir bereits den ersten Schritt getan. Und sobald wir wissen, wie wir uns verändern können, erlangen wir die Meisterschaft in der Kunst zu leben.

Wenn Sie sich von diesem Buch angezogen fühlen, ahnen Sie höchstwahrscheinlich schon, daß wir kein Spielball eines blinden Schicksals sind, sondern daß wir mit unseren Denk- und Glaubensmustern unser Leben selbst erschaffen. Also gilt auch: Wenn wir unser Glaubenssystem verändern, verändert sich unser Leben ganz von selbst.

Das funktioniert folgendermaßen: Unser Unterbewußtsein funktioniert wie ein Computer. Jeder von uns bringt bereits individuell ausgeprägte Glaubenssätze und Denkweisen mit in dieses Leben, die sich aufgrund der Evolution unserer Seele und der Erfahrungen aus vergangenen Leben gebildet haben. Wir werden also schon mit einem psychischen Basisprogramm – unserem Glaubenssystem, unserer geistigen Verfassung – geboren.

Infolgedessen interpretieren wir alles, was wir erleben, im Rahmen der Möglichkeiten unseres Basisprogramms. Dazu gehört auch, wie uns unsere Eltern behandeln und was sie uns zu sagen haben. Ein Beispiel: Carla ist davon überzeugt, daß sie attraktiv ist, und sie fühlt sich dabei gut. Wenn ihr jemand sagt, wie hübsch sie aussieht, dann hat sie keine Probleme damit, das Kompliment anzunehmen. Sie lächelt charmant und fühlt sich noch besser. Rose dagegen glaubt, daß sie häßlich ist. Wenn ihr jemand ein Kompliment macht, hört sie entweder gar nicht erst hin, so daß das Kompliment überhaupt nicht registriert wird, oder sie weist es zurück. Sie wird etwa sagen: »Das glaubst du doch selbst nicht!« Oder sie denkt sogar, jemand will sich über sie lustig machen, und faßt eine Nettigkeit als Beleidigung auf. Auf jeden Fall registriert es der Computer ihres Unterbewußtseins nicht als Kompliment.

Unser Selbstwertgefühl und unser Selbstvertrauen hängen von unserem Glaubenssystem ab.
Unser Glück hängt von unserem Selbstwertgefühl und unserem Selbstvertrauen ab.
Unsere Gesundheit hängt davon ab, ob wir glücklich sind.

Wenn wir unserem Körper Leidensbotschaften senden, verschließen sich unsere Zellen vor Angst. Körperliche Probleme sind die Folge. Wenn wir unserem Körper aber Glücksbotschaften senden,

strotzen seine Zellen vor Gesundheit. In Gottes Augen sind wir alle ganz und gesund. Daher sind vollkommene Gesundheit und Ganzheit unser Geburtsrecht.
Verborgenes ans Licht des Bewußtseins zu bringen, ist der erste Schritt auf dem Weg der Veränderung. Was wir nicht kennen, können wir auch nicht verändern! Spontanes Zeichnen, spontane Visualisierungen und Achtsamkeitsübungen sind hervorragende Mittel, um uns verborgene Dinge bewußt zu machen. Außerdem werden wir eine ganze Reihe weiterer Techniken erlernen, um die neuen, lebensverändernden Glaubensmuster im Unterbewußtsein zu verankern, darunter Affirmationen, kreative Visualisierungen, dynamisches Zeichnen und Schreiben.

1 Welche negativen Botschaften hinsichtlich Ihrer Fähigkeiten oder Persönlichkeit, Ihres Aussehens oder Körpers und der Welt im allgemeinen haben Sie von Ihrer Mutter, Ihrem Vater, Ihren Großeltern oder Lehrern erhalten? Stellen Sie eine Liste der schädlichen Überzeugungen zusammen, die Ihr Leben bestimmen.

2 Schreiben Sie jetzt das Gegenteil davon auf. Auf diese positiven Überzeugungen müssen Sie sich konzentrieren und sie ständig wiederholen.

3 Was würde sich in Ihrem Leben verändern, wenn Sie diese neuen Überzeugungen anwenden? Schreiben Sie einige der Veränderungen auf, die sich automatisch ergeben würden.

Selbstvertrauen

Jeder, aber auch jeder von uns glaubt zumindest in bestimmten Situationen, daß er nicht gut genug ist. Je stärker dieser Glaube ist, desto schwerer wird unser Leben. Am schwersten wird es, wenn uns jegliches Selbstvertrauen und Selbstwertgefühl abgeht. Dagegen gilt: Wenn unser positives Selbstwertgefühl stärker ist als Gefühl der Unzulänglichkeit, werden wir gelassen und entspannt durchs Leben gehen können und erfolgreich sein.

Nur ein Mensch, dem Selbstvertrauen fehlt, behandelt andere von oben herab oder ist zynisch. Wenn uns jemand gönnerhaft behandelt oder fertigmacht, liegt das allein an seinem fehlenden Selbstwertgefühl. Es ist nicht unser Problem! Allerdings: Wenn wir uns selbst gegenüber negativ eingestellt sind, übernehmen wir die Meinungen anderer und lassen es zu, daß unser Selbstvertrauen noch weiter zerstört wird.

Solange wir selbstsicher sind, können alle Versuche, uns fertigzumachen, nichts ausrichten. Wir denken dann eher: »Dem geht es heute aber schlecht!« – denn wir begreifen, daß der gute alte Heinz eine anstrengende Sitzung mit seinem Chef hatte und seinen Frust nun an uns auslassen will. Daher nehmen wir sein Verhalten auch nicht persönlich.

Wenn wir Selbstvertrauen und ein starkes Selbstwertgefühl besitzen, sind wir auch niemals unhöflich, sarkastisch oder gemein. Wir haben es einfach nicht nötig. Wenn wir mit uns selbst im reinen sind, können wir es uns leisten, freundlich zu bleiben, geduldig mit anderen Menschen umzugehen und ihre Fehler zu akzeptieren. Wenn jemand gemein ist, dann nur deshalb, weil er selbst verletzt wurde. Eigentlich spricht dieser Mensch von sich selbst, er projiziert sein eigenes Problem auf andere.

Haben wir das einmal begriffen, können wir anderen ganz anders zuhören. Wir blicken hinter ihr Verhalten, wenn sie andere Menschen schlechtmachen oder sie ungerechtfertigt kritisieren, und wir erkennen, daß sie im Grunde zu einem Teil von sich selbst sprechen, den sie nicht akzeptieren können. Dann können wir das, was uns selbst betrifft, von dem trennen, was das Problem des anderen ist. Wenn jemand erreicht, daß es uns schlecht geht, haben wir uns sein Problem zu eigen gemacht. Es ist ihm gelungen, eine unserer negativen Überzeugungen zu aktivieren. Hören Sie also auf, anderen Schuld zuzuweisen! Die Zeit ist gekommen, sich selbst anzuschauen. Vielleicht hat uns der andere nur daran erinnert, daß wir meinen, dumm, faul, wertlos, gemein, unehrlich, ein Versager oder eine Million andere negativer Dinge zu sein.

Unsere Aufgabe besteht darin, die negativen Glaubensmuster zu isolieren und statt dessen positive Überzeugungen in unserem Unterbewußtsein zu verankern. Wenn es uns dann in einer bestimmten Situation schlecht geht, sollten wir uns fragen, welche unbewußte Überzeugung dafür verantwortlich ist. Fühlen wir uns zum Beispiel unfähig, dann erinnern wir uns daran, daß wir durchaus fähig sind. Wir rufen uns Zeiten in Erinnerung, in denen wir unsere Fähigkeiten unter Beweis gestellt haben. Am wirkungsvollsten ist es, solche Situationen aufzuschreiben, um sie mit unserem Unterbewußtsein zu verschmelzen. Wenn wir uns dann fähig fühlen, verlieren wir auch künftig in einer schwierigen Anforderungssituation unser Selbstvertrauen nicht – oder wir erlangen es ganz schnell wieder zurück.

1 Stellen Sie eine Liste der Dinge zusammen, die Sie gut können.

2 Welche Farbe hilft Ihnen, selbstsicher aufzutreten? Stellen Sie sich eine starke, machtvolle Aura in dieser Farbe vor. Verstärken Sie das Bild mit Hilfe Ihrer Vorstellungskraft. Stellen Sie sich dann vor, daß Sie größer sind und daß Ihnen mehr Platz zusteht. Wo Sie auch immer sein mögen, stellen Sie sich vor, größer zu sein, und beobachten Sie, wie andere Menschen auf Ihre neue Ausstrahlung reagieren. Schreiben Sie hierzu Ihre Beobachtungen auf.

3a Gehen Sie im Zimmer umher umher, und stellen Sie sich vor, daß Ihr Gaumen dem Boden näher ist als der Decke. Beobachten Sie, wie Sie sich dabei fühlen und welche Laune Sie haben. Wie reagieren Sie auf andere Menschen?

3b Gehen Sie umher, und stellen Sie sich nun vor, daß Ihr Gaumen der Decke näher ist als dem Boden. Beobachten Sie, wie Sie sich dabei fühlen und welche Laune Sie haben. Wie reagieren Sie jetzt auf andere Menschen?

Die meisten Menschen fühlen sich nach der zweiten Übung leichter, glücklicher und selbstsicherer. Üben Sie dies ständig, da Ihr Körpergefühl Ihre geistige Wahrnehmung beeinflußt. Schreiben Sie hier Ihre Beobachtungen auf.

Liebenswert sein

Liebe ist die universelle Kraft. Wenn unsere Herzen offen sind, werden wir ein Teil dieser fließenden Energie, die an keinerlei Bedingungen geknüpft ist. Dann wissen wir auch, daß wir absolut liebenswert sind. Außerdem lieben wir von ganzem Herzen.

Leider sind nur wenige von uns so erleuchtet und im Einklang mit dieser großen Liebe. Die meisten von uns glauben nicht daran, daß sie wirklich liebenswert sind. Und wenn uns jemand ablehnt, verläßt oder etwas Verletzendes zu uns sagt, errichten wir Mauern, um uns zu schützen.

Je weniger wir daran glauben, daß wir tatsächlich liebenswert sind, desto mehr Dinge interpretieren wir als Ablehnung, und desto dicker wird die Mauer, mit der wir unser verletzliches Innerstes schützen wollen. Jedes Mal, wenn wir etwas als Ablehnung interpretieren, fügen wir unserer Schutzmauer einen weiteren Stein hinzu, vergrößern wir den Abstand zu anderen Menschen.

Ein Zweijähriger, der seine Eltern streiten hört oder spürt, daß sie einander keine Nähe schenken, glaubt, daß er nicht liebenswert ist. Sonst würden sich die Eltern ja nicht so verhalten. Er hat furchtbare Angst, daß sie ihn nicht wirklich wollen und ihn ablehnen oder gar verlassen werden. Schließlich ist er ja nicht liebenswert. Da es zu weh tut, den Schmerz und die Angst zu spüren, beginnt er, sein Herz zu verschließen.

Leiden entsteht immer dann, wenn wir nicht vergeben. Es wird so lange in uns weiterleben und uns auf der spirituellen, körperlichen und emotionalen Ebene beeinflussen, bis wir vergeben. Nur Vergebung heilt den Schmerz.

Ein Zweijähriger, der erleuchtet und mit der Quelle unseres Seins – der Liebe – verbunden ist, weiß, daß er absolut liebenswert ist. Tief innen weiß er auch, daß er eine liebende Seele ist, die sich einen Körper gewählt hat, um auf der Erde bestimmte Erfahrungen zu machen. Streiten sich die Eltern, weiß er, daß das ihr Problem ist, denn er hat begriffen, daß er immer noch liebenswert ist und daß er von ihnen geliebt wird. Es fällt ihnen einfach nicht leicht, einander zu lieben.

Weil er sich als liebenswert empfindet, weiß er, daß er sich in Sicherheit befindet und weder abgelehnt noch verlassen werden wird. Er vertraut einfach und spürt keinen Schmerz. Für ihn gibt es nichts zu vergeben. Er wird in all seinen Beziehungen offen und liebevoll sein, und natürlich reagieren alle Menschen liebevoll auf ihn und behandeln ihn gut.

Ein Mensch, der glaubt, nicht liebenswert zu sein, verhält sich entsprechend seiner Überzeugung – zum Beispiel, indem er niemand an sich heran läßt, schnippische Bemerkungen macht oder andere spüren läßt, daß sie ihm gleichgültig sind. Und weil er sich so verhält, wird er von anderen Menschen schlecht behandelt. Er muß gar nichts tun oder sagen, da er ständig negative Schwingungen aussendet, die andere Menschen spüren und auf die sie negativ reagieren.

Sind wir jedoch davon überzeugt, liebenswert zu sein, werden wir uns offen, warmherzig und fürsorglich zeigen und liebevolle Schwingungen aussenden, auf die andere Menschen positiv reagieren. Sie fühlen sich in unserer Nähe wohl und öffnen sich ebenfalls. Indem wir unser Herz öffnen und Liebe ausstrahlen, starten wir eine Kettenreaktion, die sich von ganz allein fortpflanzt.

1 Wenn Sie davon überzeugt wären, wirklich liebenswert zu sein, würde sich dann Ihr Verhalten ändern? Wie würden Sie auf andere Menschen reagieren?

2 Trauen Sie sich zu, etwas davon sofort in die Tat umzusetzen?

3 Wiederholen Sie die folgende Affirmation: »Ich liebe alle, und alle lieben mich.« Schreiben Sie diesen Satz mehrmals auf.

4 Verhalten Sie sich so, als ob Sie wirklich liebenswert wären, und spüren Sie, wie es sich anfühlt. Schreiben Sie hier Ihre Gefühle auf.

Visualisierungsübung, um das Herz zu öffnen

Sie können diese Visualisierungsübung auf Kassette aufnehmen oder eine vertraute Person bitten, sie Ihnen vorzulesen.

Sorgen Sie dafür, daß Sie eine Weile ungestört sind. Wenn Ihnen nach sanfter Musik ist – bitteschön. Diese Zeit gehört nur Ihnen.

Legen Sie sich auf den Rücken, oder setzen Sie sich mit geradem Rücken hin. Schließen Sie die Augen, und atmen Sie entspannt ein und aus. Konzentrieren Sie sich jeweils einige Augenblicke lang auf

Ihre Füße, um diese zu entspannen, dann auf Knöchel, Waden, Knie, Schenkel, Hüften, Bauch, Solarplexus, Brust, Schultern, Arme, Hände, Wirbelsäule, Nacken, Hinterkopf, Gesicht, Stirn und Kopfhaut.

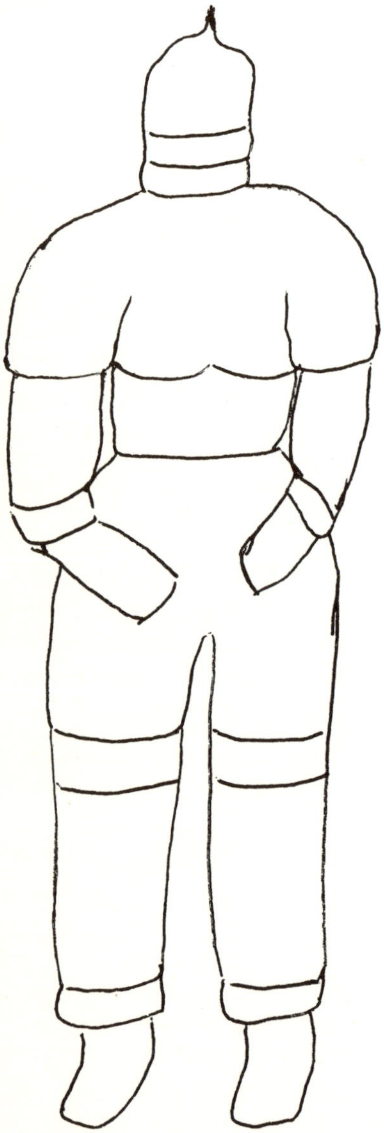

Es ist schwierig, mit Panzer zu lieben.

Legen Sie eine Handfläche auf die Mitte der Brust. Denken Sie einen Augenblick lang daran, wer Sie wirklich sind. Sie sind nicht das kleine Ich in diesem irdischen Körper, sondern ein großes Ich, das bereits viele Leben gelebt hat. Sie sind ein phantastisches Wesen voller Wissen und Weisheit. Stellen Sie sich die unglaubliche Schönheit Ihrer Seele vor.

Spüren Sie nun unter der Handfläche eine goldene Kugel. Lassen Sie sie weich und warm werden. Vielleicht spüren Sie sogar ein Kribbeln. Diese Kugel besteht aus reiner Liebe und befindet sich immer in Ihrem Innern, in dem stillen Raum Ihres Herzens. Konzentrieren Sie sich ganz auf die goldene Kugel. Atmen Sie in sie hinein, und lassen Sie zu, daß sie größer wird.

Spüren Sie die Liebe, die aus Ihrem Herzen strömt und die Sie mit allem und allen verbindet. Denken Sie dann an das letzte Mal, als Sie verletzt waren. Sehen Sie sich selbst vor Ihrem geistigen Auge, spüren Sie sich. Das ist Ihre Persönlichkeit, der Teil von Ihnen, der Angst hat, das Ego.

Nehmen Sie die Mauer wahr, die Sie errichtet haben, um nicht wieder verletzt zu werden. Registrieren Sie Größe, Farbe und Struktur dieser Mauer. Woraus besteht sie? Wie ist sie gebaut?

Erlauben Sie Ihrem großen goldenen Ich und Ihrem offenen Herzen, die Mauer um Ihren Schmerz abzubauen. Wenn dies gelungen ist, sollte Ihr goldenes Selbst Ihre Persönlichkeit an Ihre liebenswerten Eigenschaften und an all die liebevollen Dinge erinnern, die andere Menschen für Sie getan oder zu Ihnen gesagt haben. Lassen Sie sich Zeit, sich diese wunderschönen Momente in Erinnerung zu rufen, sich an das Gute zu erinnern, das Sie anderen getan haben oder das Ihnen zuteil wurde, und sich an Ihre Stärke und Ihre Geduld zu erinnern.

Denken Sie daran, daß die Liebe stärker ist als die Angst und das Licht auch die größte Finsternis durchdringt.

1 Schreiben Sie hier auf, was Sie während dieser Übung erlebt haben.

____

____

2 Schreiben Sie hier die vielen liebevollen Dinge auf, die Sie für andere Menschen getan haben.

3 Schreiben Sie hier die vielen liebevollen Dinge auf, die Menschen für Sie getan oder zu Ihnen gesagt haben.

Das Als-ob-Prinzip

Wenn wir tief Atem holen, uns vorstellen, daß wir Selbstvertrauen besitzen, und so handeln, als ob wir wirklich selbstsicher wären, entsteht in unserem Unterbewußtsein der Eindruck, daß wir tatsächlich Selbstvertrauen haben. Wenn wir selbstsicher auftreten, registriert unser innerer Computer auch die Reaktionen anderer Menschen und speichert sie als positives Feedback. Indem wir also so tun, als ob wir selbstsicher wären, machen wir einen wichtigen Schritt, um wirklich selbstsicher zu werden.

Das gleiche geschieht, wenn wir so tun, als seien wir liebenswert. Da wir uns besser fühlen, reagieren die Menschen anders auf uns. Dieses positive Feedback führt dazu, daß das Unterbewußtsein zu der Überzeugung gelangt, daß wir tatsächlich liebenswert sind. Dann liefert es uns die Informationen, die uns helfen, so zu handeln, als wären wir liebenswert. Und so werden wir tatsächlich liebenswert.

Vor Jahren las ich einen Artikel über eine Gruppe Schüler, die einem Mädchen, das nicht besonders hübsch und ziemlich unfreundlich war, einen Streich spielen wollte. Sie nahmen sich vor, sie so zu behandeln, als wäre sie das beliebteste Mädchen der Klasse. Und etwas Erstaunliches geschah: Am Ende des Schuljahres war sie tatsächlich das beliebteste Mädchen der Klasse!

Das Als-ob-Prinzip funktioniert also auch bei anderen Menschen. Wir können sie behandeln, als ob sie ehrlich, klug, interessant, wertvoll und erfolgreich wären, und beobachten, was passiert. Glauben Sie mir: Wenn wir uns ehrlich und mit Begeisterung auf diese Aufgabe konzentrieren, können wahre Wunder geschehen!

In einem meiner Seminare bat ich die Teilnehmer, sich die einzelnen Mitglieder ihrer Familie als Tiere vorzustellen. Dann sollten sie diese Tiere auf ein Blatt Papier malen. Weil das Unterbewußtsein Dinge weiß, derer wir uns nicht bewußt sind, kommen mit Hilfe dieses Prozesses alle möglichen interessanten Einsichten zustande.

Eine Frau hatte die meisten Familienmitglieder unten auf das Blatt gemalt, sich selbst aber und ihren Schwager, den sie nicht ausstehen konnte, als Vögel auf einem Zweig hoch über der Familie. Sie war ein Adler, er eine Eule.

Als sie vom Seminar nach Hause kam, dachte sie viel über das Bild nach. Sie erkannte, daß sie ihren Schwager nicht mochte, ihn sogar verabscheute, ihn aber unbewußt als weise Eule neben sich plaziert hatte, damit er über die Familie wachen konnte.

Am selben Nachmittag hatte der Wagen ihrer Tochter eine Panne. Da weder sie noch ihre Tochter sich mit Autos auskannten, kam es ihr plötzlich in den Sinn, die weise Eule um Rat zu bitten. Bis zu diesem Zeitpunkt hatte sie noch nie daran gedacht, ihren Schwager um Hilfe zu bitten. Sie rief ihn an, und er erklärte sich sofort bereit zu helfen.

Von diesem Augenblick an behandelte sie ihn als weisen Menschen, und die gesamte Familiendynamik änderte sich. Er wurde zu ihrem Verbündeten, der sie innerhalb der Familie unterstützte, sie in Schutz nahm und ihr mit Rat und Tat zur Seite stand. Weil sie ihn als weisen Menschen behandelt hatte, reagierte er als weiser Mensch.

1 Welche Eigenschaften möchten Sie entwickeln? Möchten Sie beispielsweise selbstsicherer, fröhlicher, verläßlicher oder freundlicher sein und mehr Spaß haben?
Ich möchte mehr von dem folgenden sein:

2 Schließen Sie die Augen, und stellen Sie sich vor, daß Sie sich auf diese Weise verhalten. Spüren Sie, wie es sich anfühlt. In welchen Bereichen sind Sie bereit, das Als-ob-Prinzip sofort in Ihrem Leben anzuwenden? Schreiben Sie hier Ihre Absichten auf.

3 Wenn Ihre Familie, Freunde und Kollegen Tiere wären, welche wären sie dann? Zeichnen Sie diese Tiere, und vertrauen Sie darauf, daß Ihr Unbewußtes Ihnen wertvolle Einsichten liefern wird.

Wie wir unser Leben selbst erschaffen

Das Leben auf der Erde ist eine Schule, und wir sind alle hier, um unsere Lektionen zu lernen. Von Zeit zu Zeit werden wir geprüft. Diese Prüfungen nehmen die Form von Schwierigkeiten, Herausforderungen oder Problemen an, von Menschen und Situationen, mit denen wir nicht umzugehen wissen. Jede Situation und jeder Mensch in unserem Leben erfüllt einen Zweck, denn wir sind es, die alles wählen, anziehen und erschaffen.

Aber warum entscheiden wir uns für bestimmte Schwierigkeiten? Das Gesetz des Karma sorgt dafür, daß wir das zurückerhalten, was wir gegeben haben. Letzten Endes herrscht eine absolute Gerechtigkeit, die sich aber möglicherweise erst nach mehreren Leben erfüllen wird.

Noch bevor wir in dieses Leben eintreten, beschließen wir auf der Seelenebene, ungelöste Probleme aus anderen Leben zu verarbeiten. Vereinfacht gesagt: Wenn wir etwas Böses getan haben, entscheiden wir uns dafür, daß uns auch Böses angetan wird, oder wir beschließen, unsere karmische Schuld auf andere Weise abzutragen. Umgekehrt gilt: Haben wir etwas Gutes getan, wird auch uns Gutes getan werden.

Um das Wachstum unserer Seele zu gewährleisten, wählen wir Eltern und Familie, Ort und Zeit unserer Geburt und unsere genetischen Veranlagungen aus. Auch viele unserer Beziehungen werden bereits vor unserer Geburt ausgewählt.

Wie aber ziehen wir Dinge und Menschen an? Unsere Gedanken sind wie Magneten, die das anziehen, was wir denken. Und da unsere Gedanken Ausdruck unseres Glaubenssystems sind, sollten wir dieses überprüfen, wenn wir Dinge anziehen, die wir nicht wollen. Glauben wir zum Beispiel, die Welt sei schlecht, dann denken wir gefährliche Gedanken, die von Unsicherheit, Gefahr, Angriffen und mangelndem Vertrauen geprägt sind. Demzufolge werden wir gefährliche Menschen und Situationen anziehen, was wiederum unsere Überzeugung verstärkt.

Gehen wir aber davon aus, daß die Welt wunderschön und sicher ist und von netten, gütigen, hilfsbereiten Menschen bevölkert wird, werden wir genau diese Menschen anziehen und immer sicher und geborgen sein. Auch das verstärkt unser ursprüngliches Glaubenssystem.

Wenn wir uns in vollkommener Harmonie mit dem befinden, was wir tun, ziehen wir die Menschen und Situationen an, die mit uns harmonieren wollen.

Aber wie erschaffen wir uns unsere Welt? Wir tun dies, indem wir uns auf bestimmte Dinge konzentrieren. Und alles, worauf wir uns konzentrieren, wird schließlich wahr werden. Wenn wir unser Hauptaugenmerk auf die Möglichkeit des Versagens richten, entsteht eben dieses Bild so lange vor unserem geistigen Auge, bis es zur Realität wird. Und je mehr Energie wir in dieses düstere Bild stecken, desto schneller und sicherer wird es Wirklichkeit werden.

Wenn wir uns dagegen auf eine positive Vision konzentrieren, wird auch sie wahr werden. Die einzige Möglichkeit, die Verwirklichung eines positiven Bildes zu verhindern, besteht darin, es durch negative Gedanken zu blockieren.

Je mehr Kraft und Energie wir in unsere Visionen investieren, desto schneller werden sie Wirklichkeit.

1 Was haben Sie angezogen oder erschaffen, das Sie nun ändern möchten? Haben Sie vielleicht zu wenig Geld, einen Partner, der Sie nicht glücklich macht, oder einen langweiligen Beruf? Schreiben Sie hier die Dinge auf, die Sie ändern möchten.

2 Registrieren Sie, welche Gedanken Ihnen zu diesen Themen kommen, und schreiben Sie sie nieder. Sobald Sie sich dieser Gedanken bewußt geworden sind, können Sie sie auch ändern.

---

3 Stellen Sie eine Liste der Menschen und der Dinge zusammen, die Ihnen ein Gefühl der Harmonie vermitteln. Auf welche Weise können Sie mehr Harmonie in Ihr Leben bringen?

Verantwortung übernehmen

Wenn wir akzeptieren, daß wir alles in unserem Leben selbst wählen, anziehen oder erschaffen, sollten wir auch bereit sein, die volle Verantwortung für unser Leben zu übernehmen. Solange wir glauben, kleine hilflose Opfer zu sein, sozusagen Bauern auf dem Schachbrett des Schicksals oder anderer Menschen, so lange kommen wir nicht weiter.

Alle Situationen und Menschen in unserem Leben sind da, weil wir sie angezogen haben, um von ihnen zu lernen. Wenn wir dafür die Verantwortung übernehmen, erlangen wir Meisterschaft im Leben. Und erst dann können wir die Dinge wirklich ändern!

Werden wir in einen Unfall verwickelt, müssen wir Verantwortung für die Tatsache übernehmen, daß wir ihn auf irgendeiner Ebene selbst auch herbeigeführt haben – selbst wenn es so scheint, als sei jemand anders daran schuld. Wir sollten uns fragen, auf welche Weise wir an den Ursachen dieses Geschehens mitgewirkt haben. Wurde der Unfall durch unsere Wut angezogen? Durch unsere Angst? Welche unserer Überzeugungen haben den Unfall herbeigeführt? Haben wir uns geweigert, auf unseren Körper zu hören, bis er sich weigerte, normal zu funktionieren? Und wenn wir nicht zugehört haben, warum nicht?

Alles geschieht im Einklang mit spirituellen Gesetzen. Nichts widerfährt uns zufällig – keine Krankheit und Verletzung, kein Feuer und Einbruch, keine Beförderung und Entlassung. Von der Seelenebene aus gesehen kann uns niemand ohne die Zustimmung unseres Höheren Selbst etwas antun – nicht einmal uns umbringen.

Wenn bei uns eingebrochen wird, sollten wir uns zum Beispiel die folgenden Fragen stellen:

»Glaube ich, daß mir etwas genommen oder daß mir Gewalt angetan werden kann?«

»Halte ich mich an Dingen fest, die ich eigentlich loslassen sollte?«

»Horte ich Dinge, statt sie zu teilen?«

»Nehme ich anderen etwas weg – auch auf der emotionalen Ebene?«

»Ist es an der Zeit, alte Ideen oder Dinge durch neue zu ersetzen?«

Viele Menschen, die nicht bereit sind zu lernen, werden mehrfach entlassen, damit ihnen gezeigt werde, daß sie eine neue Richtung einschlagen sollten. Eine Entlassung ist eine der größten Prüfungen. Was ist es, das wir daraus lernen sollen? Macht es nicht mehr Sinn, zu lernen, was wir zu lernen haben, statt zu jammern und zu klagen, bis uns diese Prüfung erneut auferlegt wird?

Feuer weist immer auf Wut hin, auf eine leicht entflammbare Situation, die angeschaut werden will. So weisen auch Verbrennungen, Verbrühungen und Entzündungen auf Wut hin. Wenn wir ihr nicht ins Gesicht sehen, wird das Universum einen Weg finden, unsere Aufmerksamkeit darauf zu lenken.

Meisterschaft bedeutet, daß wir die Verantwortung für das übernehmen, was wir bewußt tun, aber auch für das, was wir unbewußt tun. Nichts von dem, was wir machen, tun wir rein zufällig. Wenn wir einen anderen mit Worten verletzen, macht es keinen Sinn zu sagen: »Das habe ich nicht so gemeint!« Auf einer bestimmten Ebene wollten wir es sagen. Und wenn wir etwas vergessen, wollte es ein Teil von uns vergessen.

Das heißt aber nicht, daß wir uns selbst die Schuld an irgend etwas geben. Eher das Gegenteil! Wir übernehmen einfach Verantwortung und beginnen damit, unsere unbewußten Motive zu erforschen. Dann können wir bewußte, erleuchtete Wesen werden.

1 Welche negativen Menschen und Situationen haben Sie in den letzten zwei Jahren angezogen?

____

____

2 In welchen Bereichen waren Sie damals nicht in Harmonie?

____

____

3 Nehmen Sie sich die Zeit, um sich zu entspannen und ein Gefühl von Harmonie zu erlangen. Stellen Sie sich vor, daß Dinge und Menschen in Ihr Leben treten, mit denen Sie in Harmonie sein können.

Schreiben Sie hier Ihre Beobachtungen auf.

____

____

Affirmationen

Eine der wirksamsten Möglichkeiten, alte negative Überzeugungen durch neue positive zu ersetzen, besteht darin, die neuen täglich durch Affirmationen zu bekräftigen.

Eine Affirmation ist eine positive Aussage über uns selbst oder unsere Fähigkeiten. Sobald diese im Unterbewußtsein verankert ist, wird sie zu einem Teil unseres Glaubenssystems. Da wir im Laufe unseres Lebens Tausende von negativen Gedanken speichern, müssen wir unser Unbewußtes geradezu mit neuen positiven Affirmationen überschwemmen, um die alten auszulöschen.

Affirmationen müssen immer in der Gegenwart formuliert werden, da unser Unbewußtes wie ein Computer funktioniert, der keine Vorstellung von Zeit hat und für den es ein Morgen einfach nicht gibt. Daher sollte unsere Aussage nicht lauten: »Ich werde gesund sein!«, sondern: »Ich bin gesund!«

Es ist auch wichtig, daß Affirmationen nur aus positiven Wörtern bestehen. Daher sollten wir nicht sagen: »Ich habe keine Angst mehr!« Das Wort »Angst« ist und bleibt für unser Unterbewußtsein negativ – auch die Formulierung »keine Angst« löst unweigerlich Angstgefühle aus. Statt dessen formulieren wir es auf positive Weise so: »Ich bin mutig!«

Unser Computer kann nichts mit dem Wort »nicht« anfangen. Wenn wir sagen, daß wir uns ein Auto nicht vorstellen wollen, können wir nicht anders, als uns ein Auto vorzustellen. Wenn wir affirmieren, daß wir keine Schokolade wollen, ignoriert der Computer »nicht« und konzentriert sich auf »Schokolade«. Und schon verspüren wir einen Heißhunger darauf! Also sollten wir alle Affirmationen positiv formulieren. »Ich habe Appetit auf gesundes Essen!« »Mir ist nach einem knackigen Salat!«

Um das Unterbewußtsein zu erreichen, müssen die Affirmationen die Zensur des Verstandes überwinden. Lange, umständlich formuliert Affirmationen rufen sofort den inneren Kritiker auf den Plan, der sie zurückweisen wird. Rhythmische, gereimte Affirmationen schläfern den Zensor ein, so daß sie ins Unbewußte gelangen können. Hier einige Beispiele:

Liebe strömt jetzt durch mein Blut,
ich bin gesund, es geht mir gut.

In Harmonie mit Mensch und Tier,
kommt alles Gute nun zu mir.

Sicher geh ich jeden Schritt,
und Gott geht mit mir mit.

Sie alle haben einen fließenden Rhythmus und enthalten nur positive Worte. Wenn es Ihnen nicht gelingt zu reimen, formulieren Sie Ihre Affirmationen kurz und knapp.

Und denken Sie an das Als-ob-Prinzip! Wenn wir mit den Affirmationen beginnen, verhalten wir uns so, als besäßen wir diese Eigenschaften bereits. Sobald wir unsere Glaubensmuster positiv umwandeln, können wir nur gute und wunderbare Dinge anziehen, denn wenn wir uns in Harmonie befinden, wirken wir wie Magnete auf harmonische Zustände.

1 Welche Bereiche Ihres Lebens möchten Sie verbessern? Beziehungen, Sex, Finanzen, Lernfähigkeit, Selbstvertrauen?
Schreiben Sie sie hier auf.

___

___

___

2 Schreiben Sie entsprechende Affirmationen auf, und wenden Sie dabei die obigen Prinzipien an.

___

___

___

Verwandeln Sie Ihr inneres Selbst

Das innere Kind

Der Opportunist

Unser innerster Kern ist äußerst verletzlich. Man könnte sagen, wir haben ein sehr sensibles Kind in uns, das zu klein ist, um auf sich selbst aufzupassen. Es möchte geliebt und umsorgt werden. Um dieses verletzliche Kind zu beschützen, entwickeln wir andere kindliche Persönlichkeiten. Die erste dieser Persönlichkeiten nenne ich den Opportunisten.

Als Babys bekommen wir Nahrung und emotionale Zuwendung von unserer Mutter. Unser Überleben hängt davon ab, daß sie uns liebt. Um das sicherzustellen, glauben wir, es ihr immer recht machen zu müssen. Schnell lernen wir, daß sie auf ein Lächeln positiv reagiert. Natürlich ist es völlig in Ordnung zu lächeln, wenn es uns gutgeht. Dann sind wir »echt«. Was aber machen wir, wenn wir sehen, daß es ihr nicht gutgeht, und uns dadurch bedroht fühlen, weil wir ja noch völlig von ihr abhängig sind? Wir suchen wir nach Wegen, sie dazu zu bringen, glücklich und liebevoll zu sein. Wir erinnern uns, daß sie positiv reagiert, wenn wir lächeln, also tun wir es jetzt auch, selbst wenn uns gar nicht danach zumute ist. In diesem Augenblick wird der Opportunist in uns geboren ...

Wenn wir glauben, es anderen Menschen recht machen zu müssen, damit sie uns mögen, geben wir unsere Macht auf. Aber sobald wir uns machtlos fühlen, werden wir wütend, zynisch und überempfindlich und verstecken unsere wahren Gefühle. Und da wir glauben, unser Überleben hänge davon ab, daß wir es anderen recht machen, unterdrücken wir den Schmerz und die Wut und leugnen ihre bloße Existenz. Unbewußt ist es uns lieber, fett zu werden oder Bauchschmerzen, Krebs, Arthritis oder eine ganze Reihe anderer Krankheiten zu entwickeln, die durch unterdrückte Gefühle hervorgerufen werden, als Ablehnung zu riskieren.

Immer wenn wir versuchen, es jemandem recht zu machen, statt wir selbst zu sein, sind wir unehrlich. Die anderen spüren, daß wir irgendwie nicht echt sind, und vertrauen uns nicht. Auf jeden Fall schätzen und respektieren sie uns nicht. Unser Wunsch, es allen recht zu machen, führt nur dazu, daß wir nicht wahrgenommen werden oder zu Märtyrern werden.

Da wir uns als Opportunisten selbst nicht wertschätzen können, richten wir unsere Wut nach innen. Und da es die Aufgabe des Opportunisten ist, dafür zu sorgen, daß wir um jeden Preis geliebt werden, wird er uns sogar noch Schuldgefühle einreden, wenn wir einmal nicht nett sind. Also unterdrücken wir unsere Bedürfnisse. Selbst wenn wir uns verzweifelt danach sehnen, Zuwendung zu erhalten, unterdrücken wir dieses Bedürfnis und geben statt dessen anderen Zuwendung.

Wir wissen, daß wir ausgeglichen und ehrlich sind, wenn wir uns geschätzt und respektiert fühlen. Dann sind wir nicht nur gesund, glücklich und von Freunden umgeben, sondern auch auf authentische Weise liebenswürdig und freundlich.

Der Rebell

Nehmen wir an, diese Strategie funktioniert nicht. Ganz gleich, wie sehr wir uns auch bemühen, wir werden einfach nicht genug geliebt. Selbst wenn wir immer alles richtig machen, bekommen wir nicht genug Aufmerksamkeit. Angesichts solcher Mißerfolge wird aus uns wahrscheinlich ein Rebell. Auch wenn unsere Eltern ein übermäßiges Kontrollbedürfnis haben, kann es sein, daß wir uns zum Rebellen entwickeln.
Als Rebellen glauben wir, daß der einzige Weg zur Befriedigung unserer Bedürfnisse darin besteht, unsere Eltern herauszufordern. Zwar bekommen wir auf diese Weise eine Menge Ärger, aber man schenkt uns eben auch Aufmerksamkeit. Manche Menschen haben Angst vor uns, so daß wir sie auf diese Weise kontrollieren können. Die Probleme, die wir erschaffen, dienen dazu, unsere verletzten Gefühle zu maskieren.

1 Auf welche Weise versuchen Sie, es anderen recht zu machen? Wer oder was ruft in Ihnen Schuldgefühle hervor? Stellen Sie hier eine Liste zusammen.

2 Was möchten Sie wirklich? Fangen Sie mit kleinen Dingen an, und schreiben Sie dann die wirklich wichtigen Dinge auf.

3 Haken Sie jeden Punkt auf Ihrer Liste ab, wenn Sie damit fertig sind, und denken Sie daran, daß niemand Ihnen Schuldgefühle einreden kann, wenn Sie dies nicht zulassen.

4 Wie unterdrücken Sie Ihre Wut? Durch Essen, Süßigkeiten, Zigaretten, Alkohol? Durch was sonst noch? Schreiben Sie für jede dieser Vermeidungsstrategien eine Alternative auf, die Sie statt dessen tun könnten, zum Beispiel, ehrlich mit dem Betreffenden reden, den Körper fit halten, tief durchatmen.

Visualisierungsübung, um das innere Kind zu heilen

Schließen Sie die Augen, und machen Sie es sich bequem. Atmen Sie entspannt und ruhig, und beginnen Sie mit der Körperentspannung. Fangen Sie mit den Zehen an, stellen Sie sich vor, daß diese sich entspannt und wohlig anfühlen. Gehen Sie mit Ihrer Aufmerksamkeit auf dieselbe Weise in jeden Teil Ihres Körpers, um ihn vollständig zu entspannen.

Jetzt sind Sie bereit, Ihr inneres Kind, das es immer allen recht machen mußte, um zu überleben, von Ihrem Unterbewußtsein heilen zu lassen. Erlauben Sie Ihrem inneren Kind, sich seiner eigenen Stärke bewußt zu werden.

Stellen Sie sich vor, Sie betreten ein Haus und gehen auf eine Tür zu, die in den Keller führt. Öffnen Sie die Tür. Sollte es dunkel sein, machen Sie das Licht an. Obwohl Sie hier völlig in Sicherheit sind, können Sie jemanden mitnehmen, wenn Sie möchten.

Steigen Sie die Treppenstufen in den Keller hinunter. Sie sind auf der Suche nach dem kleinen Kind in Ihnen selbst, das sich so verletzlich fühlte, daß es seine Macht aufgeben mußte, indem es gegen andere rebellierte oder es ihnen ständig recht zu machen versuchte.

Finden Sie das kleine Kind. Nehmen Sie wahr, wie alt es ist. Nehmen Sie es in den Arm, und halten Sie es fest. Reden Sie ihm gut zu. Versprechen Sie ihm, daß Sie es nie wieder im Stich lassen werden. Jetzt können Sie ihm auf eine Weise helfen, zu der Sie nicht imstande waren, als Sie selbst noch klein waren.

Nehmen Sie es auf den Arm, und tragen Sie es die Stufen hinauf zum Licht. Helfen Sie dem Kind, einen eigenen Standpunkt zu entwickeln und dabei zwar freundlich zu sein, aber auch bestimmt. Lehren Sie es, »nein« zu sagen, und versprechen Sie ihm, es dabei zu unterstützen.

Erlauben Sie dem Kind alles zu tun, was es tun möchte. Welche Begabungen und Talente hat es? Fördern Sie sie alle, gleich wie gering sie auch sein mögen, und beobachten Sie, wie das Kind anfängt zu strahlen und Selbstvertrauen zu entwickeln. Haben Sie Spaß mit dem Kind, und nehmen Sie sich die Zeit, all das zu tun, was Ihnen wirklich Freude macht.

Versprechen Sie dem Kind, daß Sie immer versuchen werden, es zu verstehen und zu unterstützen. Dann schließen Sie es in Ihr Herz.

Finden Sie nun kreative Lösungen für Ihre gegenwärtigen Probleme. Stellen Sie sich vor, daß auch Ihr erwachsenes Selbst die Dinge tun kann, die Sie tun möchten, und Freude daran haben kann. Wenn Sie tun, was Ihnen Freude macht, werden Sie staunen, wie viel Respekt andere Menschen für Ihr neues stärkeres Ich haben.

Schreiben Sie hier auf, was Sie während dieser Visualisierungsübung erlebt haben:

Der Antreiber

Wenn wir als Kinder ein gesundes Selbstvertrauen entwickeln dürfen, freuen wir uns darauf, neue Dinge auszuprobieren und unser Bestes zu geben, wenn wir gefordert werden. Da wir entspannt sind und davon ausgehen, daß wir Erfolg haben werden, gelingt uns auch vieles. Das macht wiederum unsere Eltern glücklich, also schenken sie uns die Aufmerksamkeit, das Lob und die Anerkennung, die wir brauchen. Und so wird unser Selbstvertrauen weiter gestärkt. Aus uns werden Erwachsene, die ein gutes Gleichgewicht zwischen Arbeit und Freizeit finden. Im Rahmen eines gesunden Wettbewerbs konkurrieren wir mit anderen, um unsere Fähigkeiten zu entwickeln und Spaß zu haben. Und wenn wir nicht immer gewinnen, kratzt das nicht gleich unser Selbstvertrauen an.

Leider lagen die Dinge für viele von uns in der Kindheit jedoch anders. Eine tiefsitzende Überzeugung, die unseres inneren Kindes, lautet möglicherweise, daß es nicht gut genug ist. Diese Überzeugung schwächte unser Selbstvertrauen und unser Selbstwertgefühl. Je mehr wir davon überzeugt wurden, desto mehr mußten wir uns gegenüber unseren Eltern beweisen. Wir mußten unsere Existenz rechtfertigen und gute Leistungen erbringen, damit sie uns nicht ablehnten.

Auf diese Weise entwickeln viele von uns einen inneren Antreiber, der immer versucht, der Beste zu sein. Ein solches Kind wird vielleicht in der Schule zum »Streber«, damit ihn seine Eltern loben. Oder es treibt sich zu anderen Höchstleistungen an, um besser zu sein als seine Geschwister und Klassenkameraden. Verliert der Antreiber einmal, geht es ihm furchtbar schlecht. Er stellt sich jeden Augenblick seiner Niederlage wieder und wieder vor, um so seine Überzeugung zu bestätigen, daß er nicht gut genug ist. Für den inneren Antreiber ist Niederlage gleich Ablehnung.

In jedem streßgeplagten Erwachsenen oder Workaholic steckt ein unausgeglichenes Kind, das ihn antreibt, mehr zu arbeiten, um den Eltern zu beweisen, daß er gut genug ist – selbst wenn die Eltern schon längst gestorben sind.

Der Faulpelz

Wenn wir unser Bestes geben, um uns Mami und Papi gegenüber zu beweisen, und dennoch nicht die Anerkennung oder Aufmerksamkeit bekommen, die wir brauchen, beschließen wir möglicherweise unbewußt, aufzugeben. Vielleicht ist eines unserer Geschwister oder ein Elternteil klüger als wir, und wir können es tatsächlich nicht mit ihnen aufnehmen, sosehr wir uns auch bemühen. Vielleicht ist unsere Familie überkritisch oder steht unseren Bemühungen gleichgültig gegenüber. Vielleicht ist unsere Familie so erfolgsorientiert, daß wir nur dann Aufmerksamkeit oder Lob bekommen, wenn wir gut abschneiden. Auf jeden Fall gibt das innere Kind irgendwann auf, wenn es das Gefühl hat, daß es das, was es von seinen Eltern braucht, trotz größter Anstrengung nicht bekommen kann.

Von außen betrachtet scheint ein solcher Mensch faul zu sein und wird daher als Faulpelz oder Tagedieb bezeichnet. Möglicherweise schmeißt er die Schule oder seinen Job hin, weil er nicht daran glaubt, daß er jemals gut genug sein wird, um Erfolg zu haben. Wenn ein solcher Mensch sagt, er langweile sich, meint er in Wirklichkeit: »Ich will es gar nicht erst versuchen, weil ich Angst habe zu versagen.« Viele von uns benützen Langeweile als Ausrede, um das Gefühl der Unzulänglichkeit zu vertuschen.

Dieses innere Kind braucht viel Ermutigung, um Schritt für Schritt sein Selbstvertrauen wiederzufinden. Da wir uns unsere Familiensituation selbst ausgesucht haben, können wir ihr nicht die Schuld geben oder erwarten, daß sie sich ändert. Statt dessen sollten wir anfangen, uns ständig selbst zu ermutigen, um so unser Selbstvertrauen zurückzugewinnen. Dann können wir alles schaffen, was wir wollen.

1 Identifizierung des Antreibers / Faulpelzes:

Verursacht Ihnen die Arbeit Streß? ______________________________

Müssen Sie perfekt sein? ______________________________

Langweilen Sie sich? ______________________________

Sind Sie faul? ______________________________

Geben Sie schnell auf? ______________________________

2 Denken Sie daran, daß Ihre Eltern nur das weitergegeben haben, was sie selbst gelernt haben. Wenn sie mit Ihnen gesprochen haben, haben sie in Wirklichkeit mit sich selbst geredet. Und nun tun Sie dasselbe mit sich. Sie suchen sich aus, was Sie hören und sehen wollen, und interpretieren alles gemäß Ihrer ursprünglichen Programmierung.

Auf welche Weise sagte man Ihnen als Kind, daß Sie nicht gut genug sind? Vielleicht so: »Du hast zwei linke Hände!« Oder so: »Dein Bruder ist viel klüger als du!«

____

____

3 Was braucht Ihr inneres Kind, um Selbstvertrauen zu entwickeln, und vom wem braucht es das?

____

____

Visualisierungsübung, um das innere Kind zu ermutigen

Suchen Sie sich einen Platz, an dem Sie nicht gestört werden können. Diese Zeit soll ganz Ihnen gehören, denn Sie sind wichtig. Sie brauchen Zeit für sich selbst.

Machen Sie es sich gemütlich. Setzen Sie sich mit geradem Rücken hin, und stellen Sie die Füße flach auf den Boden. Schließen Sie die Augen, und entspannen Sie Ihren Körper, indem Sie tief und ruhig atmen. Konzentrieren Sie sich auf verspannte Bereiche des Körpers, und atmen Sie in diese Bereiche hinein. Fühlen Sie, wie die Anspannung nachläßt.

Denken Sie an das letzte Mal, als Sie sich langweilten, gestreßt waren, sich unzulänglich oder wie ein Versager gefühlt haben. Rufen Sie sich in Erinnerung, was damals geschah und was gesagt wurde, und nehmen Sie dann bewußt wahr, wie sich Ihr Körper fühlt.

Sehen Sie vor sich eine Tür, auf der Ihr Name steht. Achten Sie auf die Farbe der Tür, und legen Sie die Hand auf die Klinke. Öffnen Sie die Tür, und treten Sie über die Schwelle. Vor sich werden Sie eine Treppe sehen, die nach unten führt.

Während Sie nach unten gehen, werden Sie bemerken, daß sich auf jeder Seite der Treppe Räume befinden. Schauen Sie in diese Räume hinein, bis Sie zu dem kommen, in dem sich das Kind befindet, das Ihre Hilfe benötigt.

Halten, lieben und trösten Sie das kleine Kind. Versichern Sie ihm, daß Sie es lieben, ganz gleich, ob es erfolgreich ist oder nicht.

Nehmen Sie sich die Zeit, es an all seine Begabungen und guten Seiten zu erinnern. Wenn es Angst hat, ermutigen Sie es, neue Dinge auszuprobieren. Ermutigen Sie es, sich dabei zu entspannen. Erinnern Sie es daran, daß Sie es so oder so lieben. Erlauben Sie ihm, einfach Spaß an dem zu haben, was es tut, statt immer nur nach Erfolg zu streben. Wenn es zu schnell aufgibt, helfen Sie ihm, es noch einmal zu versuchen. Gehen Sie das Ganze spielerisch an.

Bringen Sie die Menschen, von denen Sie sich als Kind Anerkennung gewünscht haben, einen nach dem anderen in den Raum. Stellen Sie sich vor, wie diese Menschen dem Kind das Lob, die Anerkennung und die Aufmerksamkeit geben, die es braucht. Beobachten Sie, wie das Kind mehr Selbstvertrauen gewinnt. Nehmen sie sich genügend Zeit, um wahrzunehmen, wie sich dieses Erlebnis in Ihrem Körper anfühlt.

Führen Sie diese Übung häufig aus, bis Sie sich entspannter fühlen und mehr Selbstvertrauen besitzen.

Schreiben Sie hier auf, was Sie während dieser Übung erlebt haben.

___

___

Opfer und Retter

Um das verletzliche innere Kind zu schützen, entwickeln viele von uns eine Opfermentalität, die folgende Botschaft aussendet: »Ach, ich Arme! Damit werde ich nicht fertig! Bitte helft mir!« Da mit dieser Methode oft jemand erreicht wird, der sich um das Kind kümmert, stellt sie einen sehr wirksamen Schutzmechanismus dar.

Nur bezahlt man dafür einen hohen Preis: Das Opfer fürchtet sich nämlich davor, die Verantwortung für sein Leben zu übernehmen, und so fühlt es sich hilf- und hoffnungslos. Es kommt sich vor wie der Bauer auf dem Schachbrett des Schicksals und macht alle anderen verantwortlich für das, was ihm zustößt. Seiner Kindheit, seinen Eltern, dem Erziehungssystem oder dem Staat gibt es die Schuld an seiner mißlichen Lage. Sein Chef oder eine Krankheit sorgen dafür, daß ihm der Erfolg versagt bleibt. Es ist davon überzeugt, daß alles, was passiert, die Schuld der anderen ist. Es jammert: »Ach, ich Armer! Ich habe so viel Pech!« Das Opfer ist fest entschlossen, sich nicht weiterzuentwickeln, weil es davon überzeugt ist, daß es sich nicht um sich selbst kümmern kann. Denn wenn es Verantwortung für sein Leben übernehmen würde, wer soll sich dann um das verletzliche Kind kümmern? Wenn ihm also jemand zu helfen versucht, erfindet es eine Million Gründe, warum es nichts tun kann. »Ja natürlich, aber ...!« und »Das kann ich nicht!« sind seine Lieblingsphrasen.

Für jedes Opfer gibt es einen Retter, der dazu beiträgt, daß es nicht von der Stelle kommt. Ein Retter aber ist kein weißer Ritter, sondern ein verkleidetes Opfer, denn er schaut sich lieber die Probleme anderer Menschen an als seine eigenen. So hält der Retter die Illusion aufrecht, sein Leben unter Kontrolle zu haben, und verstärkt das Gefühl, gebraucht zu werden und nützlich zu sein, ohne zugeben zu müssen, daß auch mit seinem Leben irgend etwas nicht in Ordnung ist.

Der Retter erzählt dem Opfer, es sei einfach vom Pech verfolgt und daß man da nichts machen kann. Er stimmt mit dem Opfer darin überein, daß alles die Schuld anderer ist. Er unterstützt es im Glauben, daß es allein nicht zurechtkommen kann. Er tut alles für das Opfer, statt ihm zu zeigen, wie es sich selbst helfen könnte.

Der Retter nimmt anderen ihre Macht! Er selbst hätte nichts zu gewinnen, wenn er dem Opfer hülfe, die Verantwortung für sein Leben zu übernehmen und auf eigenen Füßen zu stehen, denn dann würde er nicht mehr gebraucht. Immer wenn wir glauben, jemand könne ohne uns nicht zurechtkommen – ganz gleich, ob es sich einen Verwandten, eine Freundin oder um einen Klienten handelt -, sollten wir dem Retter in uns in die Augen schauen.

Opfer und Retter haben einen Vertrag, eine geheime Absprache, die sie nun erfüllen. Der Vertrag lautet: »Ich helfe dir, solange du zustimmst, auf mich angewiesen zu sein und mich zu brauchen.« Gelegentlich kommt es vor, daß sich das Opfer – wie die vermeintlich leichte Jagdbeute – umdreht und auf den Retter losgeht. Dann wird der furchtbar wütend und fühlt sich betrogen.

In jedem von uns steckt ein Opfer, denn nur wenige übernehmen die volle Verantwortung für ihre bewußten und unbewußten Handlungen. Ein Opfer sagt Dinge wie: »Das habe ich vergessen!«, »Das habe ich nicht so gemeint!« oder »Du tust mir weh!« Es sagt: »Alles wäre prima, wenn ich nur nicht unter Schlaflosigkeit leiden oder wenn er mich lieben würde.«

Wenn wir auf dem Weg der Meisterschaft voranschreiten, übernehmen wir auch die Verantwortung für unsere Gefühle. Geschieht etwas, sagen wir: »Es ist etwas geschehen, für das ich verantwortlich bin. Wenn ich weiß, wie ich es mir selbst erschaffen habe, kann ich es auch wieder ändern!« Jedes Mal, wenn wir für etwas die Verantwortung übernehmen, stärken wir uns selbst und machen einen Schritt in Richtung Meisterschaft.

1 Wem oder was geben Sie die Schuld daran, wenn es Ihnen nicht gutgeht?

____

____

____

2 Übernehmen Sie jetzt die Verantwortung für Ihre Gefühle, Ihre Einstellung und dafür, daß Sie diese Situation erschaffen haben. Wie können Sie Ihre innere Einstellung, Ihre Worte und Taten ändern, um etwas anderes zu erschaffen? (Denken Sie daran, daß andere Menschen das, was Sie denken, unterbewußt mitbekommen und im Prinzip ebenso darauf reagieren wie auf das, was Sie laut sagen.) Ein Beispiel: »Ich akzeptiere, daß ich dir weh tun wollte. Ich wollte dich bestrafen, weil du mich nicht ernst nimmst.« Nehmen Sie sich selbst ernst, und schreiben Sie hier einige Affirmationen zur Stärkung Ihres Selbstwertgefühls auf.

____

____

____

Der Vernünftige

Während unserer Kindheit erhalten wir manchmal von unseren Eltern widersprüchliche Botschaften. So kann es sein, daß unsere Mutter sich uns zuwendet, um sich schon im nächsten Augenblick zurückzuziehen. Das hinterläßt uns verwirrt und unsicher.

Manchmal äußern sich unsere Eltern scheinbar sehr bestimmt, aber als empfindsame Kinder spüren wir, daß sie eigentlich etwas ganz anderes meinen. So versichern Eltern häufig: »Natürlich haben Mami und Papi sich lieb!« Dabei versuchen sie nur zu vertuschen, daß es in ihrer Beziehung Konflikte gibt. Doch wir spüren es, und dadurch wird unser Realitätssinn verwirrt.

Es gibt allerdings auch Familien, in denen alle Gefühle übermäßig ausgelebt werden. Alles wird sofort zum großen Drama. Auch das überfordert die Kinder. Um in all dem Chaos und Wirrwarr einen Sinn zu entdecken, ziehen wir uns in unsere Köpfe zurück und denken über alles nach. Nur auf diese Weise können wir die Kontrolle über die Situation erlangen. Nur indem wir alles rationalisieren und auf intellektuelle Weise zu erfassen versuchen, können wir in diesem Durcheinander überleben.

Entscheiden wir uns für diesen Abwehrmechanismus, entwickeln wir vor allem die linke Gehirnhälfte und wollen nichts mehr mit Gefühlen zu tun haben. Wenn wir in unserer Kindheit traumatische Erlebnisse durchmachen oder mit Problemen konfrontiert werden, die weder anerkannt noch verarbeitet werden, müssen wir unsere Gefühle unterdrücken. Das aber bedeutet, daß ein Teil von uns emotional auf der Altersstufe stehen bleibt, in der sich das Trauma ereignete. Intellektuell mögen wir durchaus fähig sein, aber wir wagen nicht, etwas zu fühlen.

Ich fühle nichts!
Ich habe alles im Griff!

Viele von uns haben die Botschaft erhalten, daß Gefühle nicht akzeptabel sind. So wird uns auf verschiedene Weise gesagt oder gezeigt, daß Jungs immer stark und tapfer sein müssen und niemals weinen dürfen. Mädchen lernen, daß es nicht sehr damenhaft ist, wütend zu sein oder sich durchzusetzen.

In manchen Familien werden ganze Bereiche des Gefühlslebens ausgeklammert. In manchen wird Wut verleugnet, in anderen Schmerz, Trauer, Angst oder Sexualität. Weil wir glauben, es sei inakzeptabel, diese Gefühle auszudrücken, halten wir sie fest und speichern sie im Bauch, im Rücken, in den Augen oder in anderen Teilen des Körpers.

Wenn wir erwachsen sind, spürt unser inneres Kind diese unterdrückten Gefühle durch Empfindungen anderer Art. Es erinnert uns durch Bauch- oder Rückenschmerzen, durch Augenprobleme oder auf andere Weise daran. In extremen Fällen unterdrücken wir sogar jedes Körpergefühl und spüren weder Hunger, Kälte noch Schmerz. Wir sind ständig damit beschäftigt, alles zu rationalisieren, und stellen dann verblüfft fest, daß wir mit wütenden oder emotionalen Menschen nicht zurechtkommen. Natürlich nicht! Unser inneres Kind wird damit nicht fertig und zieht sich in den Kopf zurück, um dem Ansturm der Gefühle zu entfliehen.

Dann verhalten wir uns oft nicht besonders einfühlsam oder sind gar gefühllos und behandeln andere von oben herab. Um Ordnung in das Chaos zu bringen, sprechen wir vielleicht betont langsam und überdeutlich. Manchmal ziehen wir einen Partner an, der es übernimmt, unsere Gefühle mit auszudrücken. Aber häufiger wählen wir einen, der genau die gleichen Gefühle unterdrückt wie wir selbst. *Allerdings werden wir unausweichlich Menschen in unser Leben bringen, die genau jene Gefühle ausdrücken, die wir verbergen*, denn unser Höheres Selbst verschafft uns immer wieder Möglichkeiten, unser inneres Kind zu heilen.

Der Vernünftige in uns schützt uns davor, Gefühle wahrzunehmen. Bedenken Sie aber, daß wir den Schmerz nicht unterdrücken können, ohne gleichzeitig die Freude in uns zu unterdrücken.

1 Welche Gefühle nehmen Sie wahr? Erlauben Sie sich zum Beispiel, Glück, Trauer, Aufregung oder Schmerz zu fühlen?

____

____

____

2 Welche Gefühle unterdrücken Sie? Wann waren Sie zum letzten Mal wütend, verletzt, eifersüchtig oder traurig?

____

____

____

3 Schauen Sie auf Ihr Leben zurück, und bestimmen Sie, welche Gefühle in verschiedenen Situationen angemessen gewesen wären.

____

____

____

Visualisierungsübung, um die Gefühle des inneren Kindes auszudrücken

Suchen Sie einen ruhigen Ort auf, an dem Sie nicht gestört werden können.

Schließen Sie die Augen. Spannen Sie die Zehen an, und entspannen Sie sie wieder. Tun Sie dasselbe mit den Füßen, Knöcheln, Waden, Knien und Oberschenkeln. Spannen Sie die Muskeln in beiden Beinen an, und entspannen Sie sie wieder. Es könnte angenehm sein, sie jetzt etwas auszuschütteln. Fahren Sie mit dem Anspannen und Entspannen fort und zwar in der Reihenfolge Becken, Unterleib, Bauch, Hände, Arme und Schultern. Schütteln Sie Hände und Arme, und ziehen Sie die Schultern ein paar Mal hoch. Spannen Sie Ihre Kehle an, und entspannen Sie sie wieder. Pressen Sie die Lippen zusammen, und öffnen Sie dann Ihren Mund ganz weit. Kneifen Sie die Augen zusammen, und reißen Sie sie anschließend weit auf.

Atmen Sie nun tief ein und aus, und entspannen Sie sich.

Stellen Sie sich vor, Sie gehen in einem wunderschönen Garten spazieren. Wie ist es, die Blumen zu riechen, die Wärme der Sonnenstrahlen auf Ihrem Körper zu spüren und die Vögel singen zu hören?

Am Ende des Gartens befindet sich eine Pforte. Öffnen Sie sie, und treten Sie über die Schwelle. Im angrenzenden Garten finden Sie sich selbst als kleines Kind. Dieses Kind ist sehr leicht zu verletzten und hat sich von seinen Gefühlen abgeschnitten.

Während Sie sich ihm nähern, versuchen Sie seine Gefühle wahrzunehmen. Es kann Ihnen nichts sagen, bevor es nicht weiß, ob es Ihnen trauen kann. Was braucht es, um Ihnen vertrauen zu können? Versichern Sie ihm auf geduldige und liebevolle Weise, daß Sie gekommen sind, um ihm zu helfen und daß Sie es nie wieder allein lassen werden. Werben Sie um sein Vertrauen, bis es sich sicher fühlt und darauf vertraut, daß Sie sich um es kümmern werden. Das mag lange dauern, aber Sie können sich in diesem inneren Raum so viel Zeit lassen, wie Sie möchten. Selbst wenn es ein ganzes Leben lang Liebe und Verständnis braucht, können Sie ihm dies jetzt geben.

Wenn es Ihnen vertraut, lassen Sie es reden. Hören Sie zu, was es zu sagen hat, und erkennen Sie an, daß es schwierige Erfahrungen durchmachen mußte.

Erklären Sie ihm, daß Sie gut verstehen können, daß es zu schwierig oder zu gefährlich war, seine Gefühle auszudrücken. Aber da Sie sich jetzt um es kümmern, ist es in Sicherheit. Ermutigen Sie es, alles auszudrücken, was es ausdrücken möchte.

Stellen Sie sich vor, wie es seine Gefühle zeigt, oder werden Sie selbst zum Kind, und schlagen Sie auf ein Kissen ein, oder weinen oder zittern Sie vor Angst. Wenn das Kind fertig ist, umarmen Sie es und loben Sie es dafür, daß es seine Gefühle gezeigt hat.

Jetzt hören Sie, wie Ihre Mutter nach Ihnen ruft. Wie hört sich ihre Stimme an, und was fühlt das Kind? Was geschieht, wenn sie sich begegnen? Ermutigen Sie das Kind, alles auszudrücken, was es wirklich fühlt, nicht das, was es denkt. Niemand kann dem Kind etwas antun, solange Sie da sind, um auf es aufzupassen. Und das Kind braucht nicht länger auf die Gefühle der Mutter Rücksicht zu nehmen.

Hören Sie jetzt, wie Ihr Vater nach Ihnen ruft. Wie hört sich seine Stimme an, und was fühlt das Kind? Schauen Sie der Begegnung der beiden zu, und spüren Sie, was dabei vor sich geht. Nun helfen Sie dem Kind, ehrlich und ohne Angst zu sagen, was es zu sagen hat. Sie beschützen es, und niemand kann ihm weh tun, solange Sie sich um es kümmern. Und es braucht nicht länger auf die Gefühle seines Vaters Rücksicht zu nehmen.

Die Sonne beginnt stärker zu strahlen, und die Szene vor Ihrem inneren Auge wird mehr und mehr von Licht erfüllt, während Sie das Kind in den Arm nehmen. Nehmen Sie es bei der Hand, und gehen Sie mit ihm zurück in den wunderschönen Garten.

Beschreiben oder zeichnen Sie, was Sie während dieser Visualisierungsübung erlebt haben.

Der Manipulator

Damit das verletzbare innere Kind überleben kann, muß es genug Liebe oder irgendeinen Liebesersatz bekommen. Ein Kind, das überhaupt keine Form von Liebe bekommt, wird sterben! Also müssen wir, wenn unsere grundlegenden Bedürfnisse nicht mit Offenheit und Ehrlichkeit erfüllt werden, andere manipulieren, um wenigstens irgend etwas zu bekommen, das sich wie Liebe anfühlt.

Niemand wird in eine vollkommen offene, ehrliche und liebevolle Familie geboren. Jede Familie ist auf irgendeine Weise gestört. Schließlich ist das Leben auf der Erde eine Schule, und wenn wir bereits alles wüßten und könnten, bräuchten wir sie nicht zu besuchen.

Sobald wir damit beginnen, die Manipulationsversuche unseres inneren Kindes herauszufinden, können wir unser Verhalten und unsere Einstellung ganz allmählich in Richtung von mehr Offenheit, Ehrlichkeit, Spontaneität und Zärtlichkeit verändern.

Viele von uns benutzen das Essen, um andere zu manipulieren. Am Essen herumzunörgeln, führt dazu, von der Durchschnittsmutter jede Menge besorgte Aufmerksamkeit zu bekommen. Um diese Aufmerksamkeit zu erlangen, wird das innere Kind überhaupt nicht mehr essen, an allem herummäkeln, zu langsam oder zu schnell essen. Oder es wird so laut schmatzen oder es an allen Tischmanieren fehlen lassen, daß es zumindest ein Stirnrunzeln erntet.

Das kleine Kind kontrolliert seine Mutter auch, indem es sich betont langsam oder unpassend anzieht oder unordentlich ist. Auch dieses Verhalten soll dazu dienen, Aufmerksamkeit zu bekommen. Der innere Manipulator führt das Ritual des langsamen Anziehens als Erwachsener weiter, indem er chronisch unpünktlich ist. Wenn wir uns gewohnheitsmäßig verspäten, versuchen wir immer noch, unsere Eltern zu kontrollieren.

Weil es nicht möglich war, einfach offen um Aufmerksamkeit zu bitten, entwickelt der innere Manipulator unbewußt Krankheiten, um Aufmerksamkeit zu bekommen. Was gibt es besseres als Bauch- oder Kopfschmerzen, Asthma oder chronische Müdigkeit, um nicht zur Schule gehen zu müssen und Mami dazu zu kriegen, sich um uns zu kümmern? Das Unterbewußtsein ist so machtvoll, daß wir ohne weiteres schwere Kopfschmerzen oder eine laufende Nase produzieren können. Viele von uns benutzen auch als Erwachsene Krankheiten, um andere zu manipulieren.

Wutausbrüche und schlechte Laune sind weitverbreitete Manipulationstechniken. Um wahrgenommen zu werden, machen viele von uns ein Riesentheater, und manche von uns weinen, schmollen, ziehen sich zurück oder reagieren überempfindlich, um zu bekommen, was sie wollen.

Eine weitere Möglichkeit, Macht zu bekommen, besteht darin, andere Menschen auf subtile Weise gegeneinander auszuspielen. Wenn wir lügen oder übertreiben, ist das ebenso das Werk des inneren Manipulatoren, als wenn wir absichtlich etwas sagen, um andere zu verwirren oder »ja« sagen, wenn wir doch eigentlich »nein« meinen.

Statt unserer Schwester etwas direkt ins Gesicht zu sagen, flüstern wir es statt dessen unserem Bruder zu – im sicheren Wissen, daß sie es von ihm erfahren wird. Eine andere Methode besteht darin, jemanden zu bitten, unserer Schwester etwas von uns zu übermitteln. Hier spielt auch noch das kleine Opfer mit. »Ach, ich Arme! Wenn ich es ihr direkt sagen würde, würde sie ja doch nicht zuhören.«

Die ultimative Manipulationstechnik besteht darin, andere zu bedrohen, sie zu erpressen oder gar Selbstmord anzukündigen.

Wenn wir unseren Manipulator entdeckt haben, müssen wir üben, zu unserer Macht zu stehen, indem wir offen und direkt sind.

1 Auf welche Weise manipulieren Sie? Und was möchten Sie in Wirklichkeit erreichen?

____

____

2 Auf welche Weise können Ihre Bedürfnisse ehrlich, eindeutig und direkt erfüllt werden?

____

____

3 Üben Sie dies, und schreiben Sie auf, was Sie getan haben und wie Sie sich dabei fühlten.

____

____

Das verletzte Kind

Was tun wir, wenn wir glauben, alles versucht zu haben, um uns sicher zu fühlen und geliebt zu werden, und es trotzdem nicht geklappt hat? Ganz klar, wir bauen eine dicke Mauer um uns herum auf, um das verletzliche innere Kind zu beschützen.

Da das verletzte Kind erwartet, daß es emotional oder körperlich mißbraucht wird, zieht es den Mißbrauch natürlich auch an. Da wir davon ausgehen, daß wir sowieso abgelehnt werden, schützen wir uns, indem wir nicht auf andere Menschen zugehen. Wir ziehen uns zurück, werden deprimiert und fühlen uns isoliert. Oder wir halten andere von uns fern, indem wir uns unhöflich, sarkastisch, schwierig oder bösartig zeigen. Wenn wir erwarten, daß andere uns angreifen, werden wir mißtrauisch oder fangen gar an, unter Verfolgungswahn zu leiden.

Da der Schmerz zu stark ist, um ihn zu ertragen, schotten wir uns gegen unsere Gefühle ab. Dann können wir aber auch die Gefühle anderer Menschen nicht mehr wahrnehmen. In der Folge werden wir unsensibel, hart, gemein oder bösartig. Ein Kind, das eine Katze am Schwanz zieht, hat seine eigenen Gefühle abgeschaltet und fühlt daher auch nicht den Schmerz des Tieres. Kein offenes, einfühlsames, fühlendes Kind würde so etwas tun.

Die furchtbarsten und grausamsten Taten werden immer von Menschen begangen, in deren Innern ein stark verletztes Kind lebt.

Wir alle schalten unsere Gefühle von Zeit zu Zeit ab. Das ist ein normaler Überlebensmechanismus. Aber wenn unser inneres Kind besonders stark verletzt wurde, kann es sein, daß wir schizophren oder sogar psychotisch werden. Ein solches Kind kann aber auch einfach arrogant und tyrannisch werden.

Fast jeder von uns hat ein verletztes Kind in sich, und wir müssen lernen, auf seine Bedürfnisse zu hören. Wenn wir in der Kindheit niemand hatten, der uns zugehört hat, müssen wir nun uns selbst zuhören.

Wenn uns auffällt, daß wir unhöflich, starrsinnig, sarkastisch, gemein oder unsensibel sind, sollten wir uns fragen, welcher Teil von uns sich so verletzlich fühlt, daß er sich auf diese Weise schützen muß. Wovor haben wir Angst? Wie können wir dem inneren Kind helfen?

Wir müssen das innere Kind mit Samthandschuhen anfassen, denn es ist sehr zerbrechlich. Schließlich würden wir ja auch kein unglückliches Baby schlagen, sondern versuchen, herauszufinden, was es uns mitteilen möchte, und ihm dann seine Wünsche erfüllen. Auch das Kind in unserem Innern möchte gehört und verstanden werden. Und es braucht Unterstützung, Ermutigung und Liebe.

Wir haben uns unsere Eltern ausgesucht und wußten, wie sie uns behandeln würden. Aber wir behandeln unsere Kinder auf unbewußte Weise – so, wie wir selbst behandelt wurden, so daß sie wiederum verletzt werden. Daraus folgt aber auch: Indem wir uns selbst heilen, heilen wir auch unsere Kinder. Das ist das größte Geschenk, das wir ihnen geben können.

Es ist an der Zeit, hinter unseren Mauern hervorzukommen und unsere Herzen zu öffnen, damit wir das verletzte Kind in uns heilen können.

1 Achten Sie darauf, ob Sie gereizt, überempfindlich, unhöflich, sarkastisch, arrogant, nörglerisch oder paranoid sind oder sich auf andere Weise abwehrend verhalten. Schreiben Sie hier auf, was Ihnen dazu einfällt.

2 Was brauchen Sie, um sich so sicher zu fühlen, daß Sie Ihre Mauern abbauen können?

3a Stellen Sie sich vor, daß Sie das bekommen, was Sie brauchen.

3b Verhalten Sie sich offen, ohne Mauern zu errichten.
Schreiben Sie hier auf, was dann geschieht.

Spielfreude und Kreativität des Kindes fördern

Wenn wir uns als Kinder nicht sicher gefühlt haben, konnten wir nicht hingegeben spielen, voller Neugier sein und wißbegierig unsere Welt erforschen.

Vielleicht haben wir uns nicht sicher gefühlt, weil wir emotional verwirrt waren oder zu sehr an unserer Mutter hingen. Möglicherweise wurden wir traumatisiert. Vielleicht war ein Elternteil übernervös, besonders kritisch oder autoritär. Es kann auch sein, daß man sich über unsere Bemühungen lustig machte oder sie gänzlich ignorierte, so daß jede Initiative im Keim erstickt wurde. Es ist aber auch möglich, daß wir bei jeder Gelegenheit über den grünen Klee gelobt wurden.

Wenn unsere Eltern nicht spielen, phantasieren oder sonstwie schöpferisch tätig sein konnten, wie sollten sie dann in der Lage sein, uns dazu zu ermutigen? Wenn sie uns angeschrien haben, weil wir laut waren, wenn sie uns befahlen, keine Unordnung zu machen oder nicht schmutzig zu werden, nicht unordentlich zu sein, uns nicht in Gefahr zu begeben oder nicht auf dumme Gedanken zu kommen, wurde unsere Lebensfreude und Kreativität im Keim erstickt.

Wenn wir als Kinder nicht gelernt haben zu spielen, können wir auch als Erwachsene nicht mal Fünfe gerade sein lassen und Spaß haben. Wenn wir als Kinder niemals gesungen, getanzt oder gemalt haben, wie sollen wir dann heute kreativ sein können? Wenn wir als Kinder nichts untersuchen und erforschen durften und unsere Neugierde nie befriedigen konnten, wie sollen wir dann heute in der Lage sein, die phantastischen Möglichkeiten der Welt zu erkennen?

Für manche erwachsene Menschen ist es hilfreich, einmal all jene Dinge zu tun, die sie als Kinder nicht tun durften: Dinge aus Ton oder Knetmasse formen, Kuchen aus Sand backen und Strandburgen bauen, sich naß und schmutzig machen, in Pfützen herumtoben, mit Fingerfarben oder Buntstiften malen und spüren, wie sich so etwas anfühlt. Oder auf Bäume klettern, aus voller Kehle singen, trommeln oder ganz spontan Musik machen.

Je mehr sich Ihr Magen angesichts dieser Ideen verkrampft, desto wichtiger ist es, Ihr inneres Kind zu befreien! Und wenn Sie diese Aktivitäten mit einem oder mehreren Freunden teilen, wird das Gefühl von Lebensfreude und Freiheit noch verstärkt.

Wenn das innere Kind aber im entgegengesetzten Sinn aus dem Gleichgewicht geraten ist und zügellos, chaotisch und verwirrt ist, werden daraus möglicherweise Erwachsene, die Orgien lieben, sich in schwarzer Magie versuchen, dem Drogen- und Alkoholmißbrauch verfallen oder in Phantasiewelten leben. Auch sie haben die Verbindung zu tiefer innerer Freude verloren.

Sowohl das gehemmte als auch das enthemmte Kind brauchen Sicherheit, die *richtige* Ermutigung und Stärkung des Selbstwertgefühls. Wenn unser inneres Kind frei ist, spielerisch und kreativ zu sein, dann können wir:

- das Leben auch ohne Alkohol und Drogen genießen,
- spontan singen,
- den Körper frei bewegen,
- kreativ malen – ganz gleich, ob wir talentiert sind oder nicht –,
- neugierig und an allem interessiert sein,
- ständig neue Dinge erschaffen und erfinden,
- von vibrierender Lebendigkeit sein und Spaß am Leben haben,
- uns sicher genug fühlen, etwas Neues auszuprobieren,
- einfach auf wunderbare Weise glücklich und gesund sein.

1 Woran hatten Sie als Kind Freude? Was hätten Sie gerne getan, wenn Sie sich getraut hätten? Zum Beispiel: Kurzgeschichten oder Gedichte schreiben, malen, tanzen, schauspielern, Kinderreime aufsagen, Witze erzählen, kneten, Modellflugzeuge bauen, Blockflöte spielen oder auf Bäume klettern. Schreiben Sie hier alles auf, auch wenn es noch so banal zu sein scheint.

2 Wenn Sie volles Vertrauen zu sich selbst und Ihren Fähigkeiten hätten, was würden Sie dann jetzt gerne tun oder erschaffen?

3 Auf welche Weise können Sie Ihre Fähigkeiten entwickeln? Wie können Sie sie ausprobieren? Sie liegen in Ihnen verborgen und warten nur darauf, entwickelt zu werden.

Visualisierungsübung, um das kreative Kind zu fördern

Suchen Sie sich einen Ort, an dem Sie es gemütlich haben und nicht gestört werden. Mit dieser Übung nähren Sie sich selbst. Sie ist wichtig für Ihr Wohlbefinden.

Schließen Sie die Augen, und atmen Sie tief ein und aus. Konzentrieren Sie sich nacheinander auf jeden Körperteil, und lassen Sie in Ihrer Vorstellung den Atem darüber streichen, bis Sie vollkommen entspannt sind.

Stellen Sie sich vor, Sie befinden sich auf einer Reise in Ihre Vergangenheit und gehen eine Straße entlang. Sie sind ein starker, selbstsicherer Erwachsener, der sich aufmacht, das innere Kind zu befreien und sein Selbstbewußtsein zu stärken.

Vor sich sehen Sie das Haus, in dem Sie als Kind gelebt haben. Gehen Sie zur Haustür, und öffnen Sie sie. Gehen Sie durch alle Zimmer, bis Sie sich selbst als Kind gefunden haben. Seien Sie nicht überrascht, wenn das Kind Angst hat und sich Ihnen nicht gleich öffnet. Es hat lange auf Sie gewartet. Nehmen Sie seine Hand, und erzählen Sie ihm, daß Sie sich von nun an um es kümmern werden. Erklären Sie dem Kind, daß es sich keine Sorgen darum machen braucht, ob es irgend jemand stört, da Sie sich ab jetzt um es kümmern werden. Versichern Sie ihm dies immer wieder, bis es sich sicher fühlt.

Wenn Ihr Kind soweit ist und Ihnen vertraut, fragen Sie es, was es gerne tun würde und was ihm Spaß macht. Erzählen Sie ihm, daß Sie genügend Zeit haben, um alles mit ihm zu machen, so daß es sowohl die kleinen als auch die großen Dinge ausprobieren kann. Wenn es malen will, geben Sie ihm so viele Farben oder Buntstifte, wie es möchte. Sorgen Sie für tonnenweise Papier, so daß es die Freiheit hat, zu experimentieren und das zu machen, wozu es Lust hat. Lachen Sie mit ihm, wenn es sich mit Farbe vollgekleckert hat. Erinnern Sie es daran, daß man Farbe einfach auswaschen kann. Wenn es etwas schreiben möchte, sorgen Sie dafür, daß es Ruhe und Zeit dazu hat, und ermutigen Sie es.

Vielleicht möchte es Musik machen. Lassen Sie es zu! Wenn es tanzen möchte, tanzen Sie mit ihm. Wenn es singen möchte, hören Sie ihm zu, oder singen Sie mit. Erfreuen Sie sich daran.

Durften Sie sich als Kind schmutzig machen und naß werden? Auf Bäume klettern und alles erforschen? Im Wasser planschen und spielen? Sie können Ihrem inneren Kind jetzt endlich alle Dinge erlauben, die Sie früher nicht tun durften. Lassen Sie es unter Ihrer Führung und mit Ihrer Hilfe alles ausprobieren und neue Erfahrungen machen. Loben Sie es, und ermutigen Sie es auf die richtige Weise.

Nun werden Sie beide eine magische Reise antreten. Sie können in jedes Land der Erde reisen und dort so viele Abenteuer erleben, wie Sie möchten. Wenn das Kind es aber vorzieht, ins Weltall hinaus zu fliegen, erforschen Sie andere Planeten mit ihm. Sie können sich auch ins Reich der Märchen begeben und Elfen, Meerjungfrauen und Riesen begegnen. Nutzen Sie Ihre Vorstellungskraft, um sich ein Wunderland zu erschaffen, in dem Sie so viel Spaß haben können, wie Sie nur wollen.

Kehren Sie mit dieser freudigen und kreativen Energie zurück in das Haus Ihrer Kindheit. Erfüllen Sie es mit strahlendem bunten Licht. Schließen Sie das Kind in Ihr Herz, und gehen Sie auf der Straße zurück in das Haus, in dem Sie jetzt wohnen.

Stellen Sie sich vor, daß das Kind nun vollkommen befreit ist und alles tun kann, was es tun möchte. Erfüllen Sie auch Ihr jetziges Heim mit strahlendem buntem Licht.

Schreiben Sie hier auf, was Sie während dieser Übung erlebt haben. Oder zeichnen Sie es.

Die Wunden der Kindheit heilen

Jedes Mal, wenn wir wegen irgend etwas ausflippen (mit anderen Worten, überreagieren) weist das darauf hin, daß ein Teil von uns, der aus der Kindheit stammt, noch nicht geheilt ist.

All unsere Erinnerungen, sowohl die aus der Kindheit als auch die aus früheren Leben, werden im Unterbewußtsein gespeichert wie auf einem Mikrofilm. Wenn eine Filmaufnahme sich auf den Weg ins Bewußtsein macht, muß sie den Filter unseres Glaubenssystems passieren. Infolgedessen weist sie danach möglicherweise nur noch wenig Ähnlichkeit mit der Realität auf.

Der kleine Hans tritt mit dem Glauben in dieses Leben ein, daß Männer mit Schnurrbärten grausam sind. Nun hat sein Onkel, der groß und mürrisch ist und dessen Gesicht leicht rot anläuft, einen solchen Schnurrbart. Aufgrund Hänschens Einstellung gegenüber Männern mit Schnurrbärten erwartet er von seinem Onkel, daß dieser gemein ist. Und was immer sein Onkel auch tun mag, Hänschen wird es als gemein interpretieren. Sieht er seinen Onkel mit einem Messer in der Küche, versteckt er sich zwei Stunden lang vor Todesangst zitternd im Schrank. In seinem Unbewußten ist unauslöschlich eingeprägt, daß sein gemeiner Onkel ihm nach dem Leben trachtet.

Als Erwachsener zieht er natürlich Menschen an, vor denen er Angst hat. Also hat er einen Chef und einen Schwiegervater, die Schnurrbärte tragen. Wenn er mit ihnen allein ist, zittert er vor Angst.

Um die Wunden seiner Kindheit zu heilen, muß er die Augen schließen und sich die erste Begegnung mit seinem Onkel ins Gedächtnis rufen. Dann kann er den Mikrofilm ändern, zum Beispiel indem er sich vorstellt, daß seine Eltern hereinkommen und ihm zeigen, daß er in Sicherheit ist, oder indem er sich mit seinem Onkel anfreundet. Dann wird die unbewußte Erinnerung sein Erwachsenenleben nicht länger beeinflussen.

Natürlich haben manche von uns in diesem Leben wirklich schreckliche Erlebnisse gehabt, oder sie wurden in der Kindheit verlassen oder nicht geliebt. Aber auch dann ist dieses Prinzip gültig. Wenn wir auf irgendeine Weise an diese Erlebnisse erinnert werden, spüren wir möglicherweise plötzliche Wut, furchtbare Angst, völlige Leere oder ein anderes überwältigendes Gefühl.

Wenn uns eines dieser Gefühle befällt, sollten wir es nicht fliehen, sondern uns darauf konzentrieren und im Geiste zurück in die Kindheit schweben. Sobald wir demselben Gefühl in der Erinnerung an die Kindheit begegnen, erschließen wir uns das ursprüngliche Erlebnis, welches dahintersteht. Dann können wir auch das im Unterbewußtsein gespeicherte Bild ändern, indem wir unsere ganze kreative Kraft dafür einsetzen.

Im Laufe dieser Übung kann es sein, daß ein noch älteres Bild aus einem anderen Leben auftaucht. Auch mit diesen Bildern können wir auf dieselbe Weise umgehen.

1 Wann sind Sie zum letzten Mal so richtig ausgeflippt? Wann hatten Sie beispielsweise ein völlig unverhältnismäßig starkes Gefühl rasenden Zorns, von Kummer, Leere, Eifersucht oder einem anderen negativen Gefühl?
Beschreiben Sie Ihre Gefühle und was geschah.

2 Schreiben Sie auf, wann Sie andere unverhältnismäßig starke Reaktionen hatten.

___

___

___

3 Schreiben Sie darüber eine Geschichte oder ein Theaterstück mit sich selbst in der Hauptrolle. In diesem Stück reagieren Sie völlig anders auf den Reiz von außen. Setzen Sie Ihre Vorstellungskraft kreativ ein, und geben Sie der Geschichte ein schönes Happy-End.

___

___

___

Visualisierungsübung, um Gefühle zu heilen

Suchen Sie sich einen Ort, an dem es ruhig ist und wo Sie nicht gestört werden. Wenn möglich, zünden Sie eine Kerze an – machen Sie diesen Ort zu etwas ganz Besonderem.

Entspannen Sie sich, indem Sie eine Weile in die Flamme schauen. Schließen Sie dann die Augen, und sehen Sie das Bild der Flamme vor Ihrem geistigen Auge, so lange es Ihnen möglich ist. Atmen Sie die ganze Zeit über in Ihre Stirn hinein, und lassen Sie alle Anspannung los.

Erinnern Sie sich an das letzte Mal, als Sie wegen irgend etwas oder irgend jemand völlig ausgeflippt sind. Rufen Sie sich so lebhaft wie möglich alles ins Gedächtnis, was vor Ihrer Reaktion geschah. Hören Sie, was gesagt wurde, oder nehmen Sie wahr, was geschehen ist. Durchleben Sie noch einmal die Gefühle, die damals hochkamen.

Beobachten Sie, wo diese Gefühle stecken. Wie fühlt sich Ihr Körper an? Ist er heiß, kalt, verletzt, am Boden zerstört, voller Schmerzen, nahe daran zu platzen oder sonst etwas?

Wie fühlen Sie sich? Sind Sie verletzt, wütend, leer, eifersüchtig, ängstlich, oder fühlen Sie sich schuldig?

Lassen Sie sich in die Kindheit bis zu dem Zeitpunkt zurücktragen, an dem Sie dieses Gefühl zum ersten Mal hatten. Wie alt sind Sie jetzt? Was geschieht mit Ihnen als Kind, um dieses Gefühl entstehen zu lassen? Es muß eine sehr schwere Situation für Sie gewesen sein.

Stellen Sie sich jetzt jemanden vor, der Ihnen den Trost spenden kann, den Sie damals brauch-

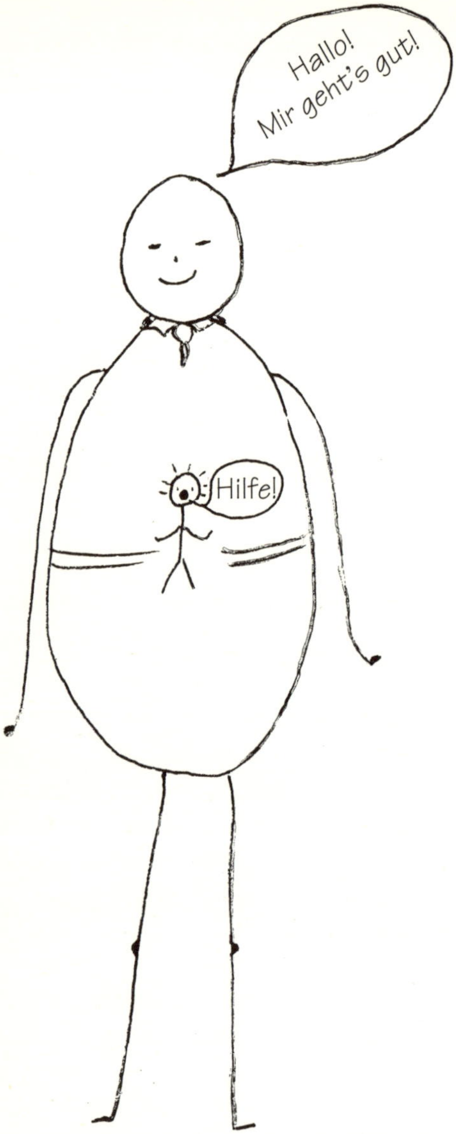

ten, aber nicht bekamen. Das können Mutter oder Vater, ein anderer Erwachsener, eine religiöse Persönlichkeit oder Ihr erwachsenes Selbst sein. Lassen Sie diese Person mit dem Kind reden, damit es verstehen kann, daß jemand weiß, wie schwer diese Situation für es ist. Diese Person soll dem Kind helfen, sich sicher und liebenswert zu fühlen und ernst genommen zu werden. Lassen Sie sich so viel Zeit, wie nötig ist, damit es dem Kind besser geht.

Der Erwachsene sollte nun eine Hand auf die Brust des Kindes direkt über seinem Herzen legen und durch die Hand liebevolle Wärme auf das Kind übertragen. Stellen Sie sich vor, wie das Herz des Kindes langsam von einem wunderschönen goldenen Licht erfüllt wird und daß es sich wie eine Blüte öffnet.

Die goldene Energie umgibt das Kind mit ihrem Glanz. Alle werden davon berührt und lieben das Kind. Wenn es sich sicher fühlt und sich selbst als liebenswertes goldenes Kind wahrnimmt, beobachten Sie, wie anders die Menschen auf es reagieren.

Erschaffen Sie nun aus dem ursprünglichen Trauma ein völlig anderes Szenario. Stellen Sie sich ein positives Ereignis vor, daß Sie glücklich macht. Da Sie jetzt absolute Kontrolle besitzen, stecken Sie Ihre ganze Kraft in die neue Szene. Denken Sie daran, daß es nie zu spät ist, um eine glückliche Kindheit zu haben und daß sich Ihre Kindheit auf Ihr ganzes Erwachsenenleben auswirkt.

Nehmen Sie das glückliche Kind in Ihren Körper auf. Wenn Sie die Augen öffnen und wieder die Kerzenflamme anschauen, spüren Sie das warme Gefühl in sich.

Je öfter Sie diese Übung machen und je mehr Gefühl Sie hineinlegen, desto schneller wird es Ihnen möglich sein, auf äußere Reize angemessen zu reagieren, statt jedes Mal völlig auszuflippen.

Schreiben Sie hier auf, was Sie während dieser Übung erlebt haben.

Verwandeln Sie Ihre inneren Eltern

Die Eltern

Solange es noch ungelöste Probleme aus anderen Leben gibt, wünschen wir uns auf der Seelenebene (unbewußt), sie zu lösen. Da jeder von uns ganz bestimmte Dinge in seinen Beziehungen lernen und aufarbeiten muß, inkarnieren wir uns immer wieder gemeinsam mit denselben Menschen, bis wir eine Lösung für unsere jeweiligen Probleme gefunden haben.

Unsere Eltern bilden da keine Ausnahme. Wir suchen sie uns aus, weil wir ungelöste Probleme zu lösen haben und weil sie uns dabei helfen können. Wenn Ablehnung unser Thema ist, werden wir uns eine Mutter aussuchen, die uns wahrscheinlich ablehnt. (Die meisten von uns werfen ihrer Mutter genau das vor, statt ihr für diese Möglichkeit des Wachstums dankbar zu sein!)

Kinder, die adoptiert werden, haben sich auf der Seelenebene dafür entschieden, ein Paar biologische Eltern zu haben und ein Paar, das sie großzieht. Diese Entscheidungen wurden vor der Geburt getroffen, um bestimmte Lektionen zu lernen. Es ist oft sehr schwierig, ohne Blutsverwandte durchs Leben zu gehen, aber wir haben diese Entscheidung zugunsten unseres geistigen Wachstums getroffen.

Der Typ Mutter und Vater, für den wir uns entscheiden, stellt unsere Herausforderung für dieses Leben dar.

Eltern, die autoritär sind, haben große Angst vor der schrecklichen Welt da draußen. Ihre Angst, verbunden mit Ihren verkrampften Bemühungen, eine sichere Umgebung für uns zu schaffen, läßt sie für uns unerträglich werden. Wir empfinden sie als extrem streng, weil auch wir an die Schlechtigkeit der Welt glauben, und letzten Endes werden auch wir autoritär werden. Wir verinnerlichen die autoritäre Energie so sehr, daß in unserem Kopf eine Stimme herumspukt, die uns herumkommandiert, um unsere Sicherheit zu gewährleisten.

Wir haben uns diese Eltern als besondere Herausforderung für unser Leben ausgesucht. *Die Herausforderung besteht darin, uns unseren Ängsten zu stellen.*

Sobald wir unsere Lektion gelernt haben, fühlen wir uns in uns selbst sicher. Dann ziehen wir auch sichere äußere Umstände an. Und dann werden unsere Eltern entweder ihre Einstellung uns gegenüber ändern, oder wir werden uns durch ihre Einstellung nicht mehr gestört fühlen.

Eltern, die alles unter Kontrolle haben wollen, haben Angst vor Chaos und Verwirrung. Da sie Angst haben, verlassen zu werden, versuchen sie uns und andere zu kontrollieren. Unsere Aufgabe besteht in diesem Fall darin, aufzuhören, alles kontrollieren zu wollen, und zu lernen, Vertrauen zu haben.

Kritische Eltern urteilen ständig. Wenn wir ihre kritisierenden Stimmen verinnerlichen, sind wir einer unaufhörlichen Nörgelei an uns selbst ausgesetzt, die uns deprimiert, zur Verzweiflung bringt oder gar zum Selbstmord treiben kann. Unsere Aufgabe besteht in diesem Fall darin, Akzeptanz und Selbstliebe zu erlernen.

1 Ist ein Elternteil autoritär, kontrollierend oder überkritisch? Wenn ja, schreiben Sie hier auf, was Ihnen zu Ihren Eltern und Ihren Ängste einfällt.

____

____

____

2 In welchen Bereichen sind Sie selbst autoritär, kontrollierend oder überkritisch?

____

____

____

3 Was redet die Stimme in Ihrem Kopf Ihnen ständig ein? Wie fühlen Sie sich dabei?

____

____

____

Visualisierungsübung, um mit der Weisheit unserer Eltern Kontakt aufzunehmen

Suchen Sie sich einen ruhigen Ort, an dem Sie ungestört sind. Stellen Sie das Telefon ab, sagen Sie allen, daß Sie Zeit für sich selbst brauchen, und schließen Sie die Tür hinter sich.

Setzen Sie sich bequem mit geradem Rücken hin, und stellen Sie die Füße flach auf den Boden. Schließen Sie die Augen, und entspannen Sie sich, indem Sie ein paar Mal tief ein- und ausatmen.

Die weisen Eltern warten

Konzentrieren Sie sich auf Ihre Füße, und stellen Sie sich vor, daß sie sehr schwer werden. Stellen Sie sich dann vor, daß von Ihren Füßen aus Wurzeln in die Erde dringen. Diese Wurzeln erden Sie und befördern herrliche, heilende Erdkräfte in Ihren Körper. Lassen Sie sich Zeit, um das zu fühlen.

Stellen Sie sich jetzt eine goldene Schnur vor, die von Ihrem Steißbein aus das Rückgrat herauf durch Ihr Schädeldach direkt in die Höhe führt, wo sie sich mit Ihrem Höheren Selbst verbindet. Nehmen Sie Ihr Höheres Selbst als Licht wahr oder auf irgendeine andere Weise, die für Sie stimmig ist. Erkennen Sie, daß die goldene Schnur Sie mit dem Grund des Seins, mit der göttlichen Intelligenz verbindet. Lassen Sie sich Zeit, dieses Wunder zu bestaunen.

Stellen Sie sich vor, daß Ihre inneren Eltern erscheinen. Sie repräsentieren die negativen Stimmen in Ihrem Kopf, die Sie kontrollieren, und werden Ihren richtigen Eltern wahrscheinlich ziemlich ähnlich sehen. Möglicherweise ist ein Elternteil wütend, verletzend, gierig, manipulierend oder eifersüchtig – vielleicht auch beide Eltern. Vielleicht sind sie kontrollierend, fordernd, autoritär, oder sie haben Angst, daß ihrem Kinde etwas zustoßen könnte. Hinter all dem stecken Ängste.

Bitten Sie Ihre innere Mutter, sich vor Sie hinzusetzen. Weil sie Angst hat, redet sie mit Ihnen so, wie sie es gewöhnlich tut. Nehmen Sie sich die Zeit, sich ihre Ängste anzuhören. Respektieren Sie, was sie sagt, und danken Sie ihr dafür, daß sie sich nach besten Kräften um Sie gekümmert hat. Sagen Sie ihr auch, daß Sie jetzt erwachsen sind und sich um sich selbst kümmern können. Bitten Sie sie dann zu gehen.

Bitten Sie nun Ihren inneren Vater, sich vor Sie hinzusetzen, und lassen Sie ihn erzählen, wovor er Angst hat. Er redet mit Ihnen immer so, weil er sich fürchtet. Danken Sie ihm dafür, daß er sich nach besten Kräften um Sie gekümmert hat. Sagen Sie ihm, daß Sie jetzt in der Lage sind, sich auf neue positive Weise um sich selbst zu kümmern, und bitten Sie ihn dann zu gehen.

Lassen Sie nun neue weise Eltern erscheinen, die Ihnen Freiheit und Unterstützung gewähren können. Was sagt Ihre weise Mutter zu Ihnen? Hören Sie auf ihre weisen Ratschläge. Hören Sie ihre liebevolle Stimme, mit der sie Sie unterstützt.

Was sagt Ihr weiser Vater zu Ihnen? Hören Sie auf seinen Rat und seine ermutigenden Worte. Denken Sie daran, daß er gerecht und stark ist und es niemals zulassen wird, daß jemand Sie verletzt oder kritisiert.

Wie geht es Ihnen jetzt? Hat diese Übung Ihre Einstellung verändert? Welche Veränderungen können Sie nun vornehmen?

Wenn Sie bereit sind, öffnen Sie die Augen. Kehren Sie in das Zimmer zurück, und versprechen Sie sich selbst, den Kontakt zu den weisen Eltern aufrechtzuerhalten.

Schreiben Sie hier auf, was Sie während dieser Übung erlebt haben.

____

____

____

Wie wir uns unsere Eltern aussuchen

Wir suchen uns Partner aus, die in uns dieselben Gefühle wie unsere Eltern auslösen. Um die Wunden unserer Kindheit zu heilen, versuchen wir als Erwachsene immer noch, von unserem Partner das zu bekommen, was uns unsere Eltern nicht geben konnten.

Erst wenn wir aufhören, von unserem Partner die Befriedigung unserer Bedürfnisse zu erwarten, und anfangen, uns unsere Wünsche selbst zu erfüllen, beginnen wir die Herausforderungen dieses Lebens anzunehmen.

Einige Seelen suchen sich Eltern aus, die in emotionaler oder physischer Hinsicht Distanz halten oder ganz abwesend sind. Die Herausforderung, die diese Menschen auf sich genommen haben, besteht darin, sich selbst zu lieben und ihre eigenen Bedürfnisse zu erkennen.

Wenn wir uns für emotional distanzierte oder physisch abwesende Eltern entscheiden, werden wir uns auch einen Partner aussuchen, der auf irgendeine Weise nicht für uns dasein kann. So entscheiden wir uns möglicherweise für einen verheirateten Partner oder für jemanden, der keine Gefühle zeigen kann oder nichts als Arbeit im Kopf hat. Da er der Ersatz für Mami oder Papi ist, versuchen wir ihn dazu zu bewegen, für uns dazusein. Natürlich haben wir uns dafür jemanden ausgesucht, mit dem Nähe unmöglich ist. Solange wir uns auf diesem Weg befinden, werden wir jemand, der für uns wirklich da ist, langweilig oder sogar erdrückend finden.

Wenn wir uns selbst Eltern sind und unsere eigenen Bedürfnisse erfüllen, werden wir auch eine liebevolle intime Verbindung zu einem anderen Menschen anziehen.

Haben wir uns entscheidungsschwache Eltern ausgesucht, die uns nicht unterstützen, werden wir in unserem Kopf unweigerlich eine wankelmütige, schwächliche Stimme hören, die uns nicht weiterhelfen kann. Unsere Aufgabe besteht dann darin, für uns selbst Eltern zu sein und uns selbst zu ermutigen und zu unterstützen. Dann werden wir stark genug sein, um auch andere zu unterstützen.

Haben wir uns leichtsinnige Eltern ausgesucht, die sich nicht um uns kümmern, oder Eltern, die ständig an eingebildeten Krankheiten leiden, müssen wir uns um sie kümmern, um zu überleben. Das führt dazu, daß wir nicht auf unsere eigenen Bedürfnisse achten. Wir werden die Bedürfnisse unseres Körpers ignorieren oder krank werden, um Aufmerksamkeit zu bekommen. *Unsere Aufgabe besteht in diesem Fall darin, uns selbst zu nähren und uns um uns selbst zu kümmern.* Erst dann können wir Menschen in unser Leben bringen, die sich um uns kümmern und uns nähren.

Haben wir uns aggressive, gewalttätige oder grausame Eltern ausgesucht, haben wir uns für den schwierigsten Weg entschieden, um zu lernen, uns selbst zu lieben. Wir hatten uns diese Eltern zwar ausgesucht, um zu wachsen, aber nach der Geburt wurde die Situation so furchtbar, daß wir Mauern um uns errichtet haben. Die Eltern spürten unsere Angst und droschen auf uns ein – sei es seelisch oder körperlich oder sogar beides. Irgendwann werden auch wir grausam zu anderen Menschen sein und mit einiger Sicherheit auch zu uns selbst.

Wenn wir uns aggressive, gewalttätige und grausame Eltern ausgesucht haben, ist es aber auch möglich, daß wir unsere Seele *ihrem* Wachstum gewidmet haben und liebevoll genug bleiben konnten, um ihr Herz ein Stückchen weit zu öffnen. Dann werden wir zu weisen, liebevollen Heilern.

1 Was für Eltern hatten Sie?

___

___

___

2 Waren Ihre Eltern ...	...dann ist Ihre Aufgabe
autoritär	sich Ihren Ängsten zu stellen
kontrollierend	sich selbst zu befreien
übermäßig ehrgeizig	Ihr Potential zu verwirklichen
nicht anwesend	unabhängig zu werden
gleichgültig	sich um sich selbst zu kümmern
überkritisch	sich selbst zu akzeptieren
kopflastig	zu fühlen
übermäßig emotional	Disziplin zu lernen
realitätsfremd	fest auf dem Boden zu stehen und realistisch zu sein
schwach und interesselos	stark zu sein

Die Aufgaben, die ich mir für dieses Leben ausgesucht habe, sind:

___

___

___

3 Welche Veränderungen können Sie vornehmen, um Ihre Aufgaben besser erfüllen zu können?

___

___

___

Visualisierungsübung, um positive Eltern zu finden

Suchen Sie sich einen Ort, an dem Sie sich wohl fühlen und an dem Sie nicht gestört werden. Das größte Geschenk, das Sie sich selbst, Ihrer Familie und dem Universum machen können, besteht darin, Ihre Negativität aufzulösen und inneren Frieden zu finden. Gönnen Sie sich daher diese Zeit.

Schließen Sie die Augen, und entspannen Sie Körper und Geist. Atmen Sie ein und aus, und stellen Sie sich vor, daß Ihre Brust warm und weich wird.

Erinnern Sie sich an eine Zeit, als Sie irgendeiner Sache negativ gegenüberstanden. Spielen Sie den Vorfall geistig noch einmal durch. Bitten Sie nun Ihre negative Mutter zu sich. Wie sieht sie aus? Was sagt sie zu Ihnen? Was tut sie? Wie geht es Ihnen, nachdem Sie die negative Botschaft erhalten haben? Spüren Sie, wie sich Ihr Körper anfühlt.

Vor Ihrem inneren Auge tauchen nun strahlendweiße Treppenstufen auf, die direkt in den Himmel und ins Universum führen. Weit entfernt können Sie eine ebenfalls strahlendweiße Villa sehen. Ein Lichtwesen erscheint und führt Ihre Mutter die Treppe hinauf. Ihre Mutter klopft an die Tür der Villa. Sie wird geöffnet, und Ihre Mutter bittet darum, Liebe und Weisheit zu erhalten, damit sie Ihnen helfen kann. Sie wird hineingebeten.

In der weißen Villa wird sie mit Liebe überschüttet; sie wird ermutigt und erhält die ersehnte Hilfe. Während sie geheilt wird, können Sie entweder mit hineingehen oder draußen auf sie warten.

Als sie die Treppe wieder hinuntersteigt, strahlt sie. Ihr Bewußtsein ist erweitert, und ihr Herz ist voller Liebe. Und nun schenkt sie Ihnen die Liebe, Ermutigung, Unterstützung und Weisheit, die Sie so dringend brauchen. Entspannen Sie sich eine Minute lang in dieses schöne Gefühl hinein.

Erinnern Sie sich nun wieder an die Zeit, als Sie einer Sache negativ gegenüberstanden, und stellen Sie sich den Vorfall so detailliert wie möglich vor. Bitten Sie nun Ihren negativen Vater zu sich. Was sagt er zu Ihnen? Was tut er? Wie fühlen Sie sich, nachdem Sie eine negative Botschaft von ihm erhalten haben?

Nun ist Ihr negativer innerer Vater an der Reihe, in der großen weißen Villa geheilt zu werden. Wieder erscheint das Lichtwesen und führt ihn die strahlendweißen Stufen hinauf. Auch er klopft an die Tür. Sie wird geöffnet. Ihr Vater bittet darum, daß ihm Liebe und Weisheit gewährt werden mögen, um Ihnen zu helfen. Er geht hinein und bekommt, was er braucht, um Ihnen gegenüber wirklich offen und liebevoll zu sein. Gehen Sie mit ihm hinein, oder warten Sie draußen auf ihn.

Er kommt wieder die Treppe herunter und erstrahlt in einem inneren Licht. Sein Bewußtsein ist erweitert. Er sieht zärtlich aus und ist voller Liebe. Und nun schenkt er Ihnen die Unterstützung, Ermutigung, Liebe und Weisheit, die Sie so dringend brauchen.

Nehmen Sie dieses Gefühl bewußt wahr. Achten Sie darauf, wie sich Ihr Körpergefühl verändert hat. Atmen Sie entspannt ein und aus, konzentrieren Sie sich ganz auf dieses neue Gefühl, und entspannen Sie sich einen Augenblick lang.

Umarmen Sie Ihre innere Mutter, und bedanken Sie sich bei ihr. Erkennen Sie die Liebe in ihren Augen, und saugen Sie ihre Liebe mit jeder Ihrer Zellen auf.

Umarmen Sie nun Ihren inneren Vater, und bedanken Sie sich bei ihm. Erkennen Sie die Liebe in seinen Augen, und saugen Sie seine Liebe mit jeder Ihrer Zellen auf.

Schreiben Sie hier auf, was Sie während dieser Übung erlebt haben.

____

____

Die Eltern richtig sehen

Wir mögen unseren Eltern gegenüber viel Liebe und Respekt empfinden und ihnen große Fürsorglichkeit und Zuneigung entgegenbringen. Gleichzeitig spüren wir aber vermutlich auch Wut und Enttäuschung oder hegen einen unbestimmten Groll gegen sie. Möglicherweise fühlen wir uns von ihnen verletzt, haben ihnen gegenüber Schuldgefühle, fühlen uns wie taub oder sind verwirrt, wenn wir an sie denken. Einige Menschen behaupten, sie fühlten nichts für ihre Eltern oder hätten kein Interesse an ihnen. Das bedeutet meistens, daß sie einen ganzen Haufen ungelöster Probleme mit den Eltern haben, die sie sich nicht anschauen wollen.

Man kann verallgemeinernd sagen, daß die meisten von uns in dem Alter, in dem sie Großeltern werden, weicher und sanfter geworden sind. Dadurch, daß wir mit vielen Problemen des Lebens fertig werden mußten, sind wir weiser und ruhiger geworden.

Auch unsere Eltern waren einmal Babys und Kinder, die in der Nähe ihrer Eltern überleben mußten.

Und als unsere Großeltern unsere Eltern als Kinder hatten, waren auch sie wahrscheinlich ziemlich anders, als wie wir sie kennenlernten (als unsere Großeltern). Höchstwahrscheinlich hatten unsere Eltern dieselben Probleme mit ihren Eltern, die wir mit ihnen haben.
Um zu verstehen, wie unsere Eltern zu den Menschen wurden, die sie sind, und warum sie uns behandelten, wie sie es taten, ist es hilfreich, mit ihnen über ihre Kindheit zu sprechen (wie sie ihnen in Erinnerung geblieben ist). Sie hatten vielleicht Probleme, die wir uns nicht einmal vorstellen können. Wissen und Verständnis gegenüber den Schwierigkeiten und Gefühlen anderer Menschen auszubilden läßt Mitgefühl entstehen und kann manche unserer negativen Gefühle auflösen.
Wenn es nicht möglich ist, mit unseren Eltern darüber zu sprechen, kann es auch hilfreich sein, mit anderen Familienmitgliedern zu reden. Wenn auch das nicht geht, sollten wir uns hinsetzen und uns die Zeit nehmen, über die Kindheit unserer Eltern nachzudenken und zu versuchen, zu verstehen, wie sie zu den Erwachsenen wurden, die sie in unserer Kindheit waren. Wie war ihre Kindheit? Wie mögen ihre Eltern gewesen sein? Welche Ängste und Überzeugungen brachten sie mit in dieses Leben?
Es ist nicht leicht, Vater oder Mutter zu sein. Es gibt für uns keine Möglichkeit, alles richtig zu machen, und es gab auch für unsere Eltern keine Möglichkeit, es uns immer recht zu machen. Aber sie haben unter den gegebenen Umständen und mit der geistigen und emotionalen Verfassung, in der sie damals waren, das Beste für uns getan.
Es hilft, sich daran zu erinnern, daß wir immer zu uns selbst sprechen. Wenn wir also auf jemanden wütend sind, sprechen wir den Teil im anderen Menschen an, den wir auch in uns selbst tragen. Wenn unser Vater uns angebrüllt hat, weil wir etwas falsch gemacht haben, so hat er in Wirklichkeit den kleinen Jungen in sich angeschrien, der nichts richtig machen konnte. Hat unsere Mutter uns gesagt, wir seien häßlich, hat sie zu dem Teil in sich gesprochen, von dem sie glaubte, daß er häßlich wäre. Mit diesem Bewußtsein können wir ihnen das zurückgeben, was ihnen gehört.

Wenn wir unsere Einstellung unseren Eltern gegenüber ändern, schicken wir ihnen andere Energie. Wir strahlen nun Liebe statt Angst aus. Dabei spielt es keine Rolle, wo sich die Eltern befinden. Vielleicht leben sie noch; vielleicht ruhen sie in Gott. Es kann sogar sein, daß sie sich bereits in einem neuen Körper inkarniert haben. Wo immer im Universum sie auch sein mögen, sie werden die Veränderung unserer Energie spüren, und etwas in ihnen wird geheilt werden. Es ist nämlich niemals zu spät, die Wunden unserer Beziehungen zu heilen.

1 Schreiben Sie auf, was Sie über die Kindheit Ihrer Eltern wissen, oder stellen Sie sich vor, welche Art von Kindheit sie gehabt haben müssen, um zu dem zu werden, was sie waren, während sie Sie erzogen.

2 Wenn Ihre Eltern jetzt Kinder wären, was bräuchten Sie von Ihnen?

3 Angenommen, sie brauchen das auch jetzt noch. Auf welche Weise können Sie ihnen geben, was sie brauchen?

Visualisierungsübung, um sich den Eltern gegenüber zu öffnen

Suchen Sie sich einen ruhigen Ort, an dem Sie ungestört sind. Schließen Sie die Augen, und entspannen Sie sich.

Stellen Sie sich Ihre Mutter als Zwei- oder Dreijährige vor. Dieses kleine Mädchen sehnt sich verzweifelt nach Liebe und Fürsorge. Erkennen Sie, wie verletzlich und verängstigt es ist.
Oft ist es schwierig zu sehen, wie verängstigt ein Kind ist, weil es seinen Schmerz und seine Angst dadurch überspielt, daß es sich wütend, widerspenstig oder wild verhält. Aber jetzt können Sie erkennen, wie ängstlich und bedürftig dieses kleine Mädchen ist. Nehmen Sie es auf den Schoß, und kuscheln sie mit ihm, bis es sich sicher genug fühlt, sich in Ihrer Nähe zu entspannen.
Sprechen Sie ruhig und liebevoll mit ihm. Fragen sie es, was es von Ihnen braucht, und hören Sie aufmerksam zu, was es zu sagen hat. Versprechen Sie ihm, daß Sie – nun, da Sie es verstehen – nie wieder seine Gefühle verletzen werden und daß Sie nicht zulassen werden, daß jemand anders gemein zu ihm ist. Wahrscheinlich müssen Sie dies mehrmals wiederholen, bevor das kleine Mädchen Ihnen vertraut.
Sobald es sich entspannt hat und aufnahmefähig ist, heben Sie seine guten Seiten hervor, bis es vor Freude strahlt. Dann schließen Sie das kleine Mädchen in Ihr Herz.

Stellen Sie sich nun Ihren Vater als Zwei- oder Dreijährigen vor. Erkennen Sie, wie verletzlich er ist. Wovor fürchtet er sich? Wie geht er mit seiner Angst um? Er ist nur ein kleines Kind, das sich nicht selbst versorgen kann. Er verteidigt sich auf die einzige Art, die er kennt, und weiß, auf welche Weise er Aufmerksamkeit bekommen kann.

Seien Sie sich bewußt, wie verängstigt dieser kleine Junge ist. Nehmen Sie ihn auf den Schoß, und kuscheln Sie mit ihm, bis er Ihnen vertraut und sich entspannt. Versprechen Sie ihm dann, daß Sie immer versuchen werden, ihn zu verstehen, und daß Sie seine Gefühle nie wieder verletzen werden. Sprechen Sie ruhig und liebevoll mit ihm. Fragen Sie ihn, was er von Ihnen braucht, und hören Sie zu, was er Ihnen zu sagen hat. Schenken

Auch Ihre Eltern sind verletzlich!

Sie ihm die Liebe und das Verständnis, nach denen er sich sehnt. Schenken Sie ihm so viel Aufmerksamkeit, wie er nur braucht.

Zählen Sie dann seine guten Eigenschaften und die Dinge auf, die Sie an ihm mögen. Erinnern Sie ihn an das, was er gut kann.

Nehmen Sie das kleine Mädchen, das Ihre Mutter ist, aus dem Herzen, und gehen Sie mit beiden Kindern in einen wunderschönen Garten, in dem die Sonne scheint und die Blumen blühen. Spielen Sie mit ihnen. Erleben Sie, was es heißt, Spaß mit ihnen zu haben, und spüren Sie, wie die Mauern zwischen Ihnen zusammenbrechen. Lachen Sie, und genießen Sie diesen Augenblick.

Schauen Sie dann in die Augen der Kinder, und erkennen Sie, wie sehr die beiden Sie lieben. Da Ihre Eltern vielleicht noch nie in der Lage waren, diese Liebe wahrzunehmen oder sie in der Öffentlichkeit auszudrücken, haben Sie sie möglicherweise noch nie gesehen.

Lassen Sie die Liebe in Ihr Herz strömen, und erlauben Sie Ihrem Herzzentrum, größer zu werden. Lassen Sie die Liebe in jede Zelle Ihres Körpers fließen. Erkennen Sie, daß Sie liebenswert sind und geliebt werden.

Beobachten Sie, wie Liebe als wunderschönes rosa Licht in Ihre Aura strömt und wie Sie von dieser Energie erfüllt werden. Lassen Sie die sanfte rosa Liebesenergie auch auf andere Menschen überfließen.

Schreiben Sie hier auf, was Sie während dieser Übung erlebt haben.

Erschaffen Sie sich weise Eltern

Stellen Sie sich einmal vor, wie anders Ihr Leben verlaufen wäre, wenn Sie eine weise, liebevolle, fürsorgliche Mutter gehabt hätten, die an Sie geglaubt und immer verstanden hätte, wie Sie sich fühlen. Diese weise Mutter hätte immer lobende Worte für Sie gehabt und Sie an Ihre guten Eigenschaften und Erfolge erinnert. Darüber hinaus wäre sie gerne Frau gewesen und hätte eine positive Einstellung zur Sexualität gehabt.

Und stellen Sie sich vor, Ihr Vater wäre stark und gerecht und immer für Sie dagewesen. Auch er hätte Sie ständig unterstützt und Ihnen geholfen, Ihr Potential zu verwirklichen. Sie hätten völlig darauf vertraut, daß er Sie beschützen würde, denn er hätte es nie zugelassen, daß jemand Sie herumschubst oder ausnützt. Er wäre gerne Mann gewesen und hätte seine männliche Kraft genossen.

Hätten wir Eltern wie diese gehabt, wäre unser Leben anders verlaufen. Aber da niemand von uns solche weisen Eltern hatte, ist es unsere Aufgabe als bewußte Wesen, uns diese weisen Eltern selbst zu erschaffen.

Ein großer Teil des Bewußtseins der meisten Menschen wird von den Stimmen ihrer negativen Eltern bestimmt. Das sind die Stimmen in unserem Kopf, die ständig an uns herumnörgeln, uns zur Vorsicht mahnen, uns an unsere Fehler erinnern und uns zurufen, daß wir nicht gut genug sind. Sie lassen in unserem Kopf nur sehr wenig Raum für weise Eltern.

Aber sobald wir uns dazu entschließen, sooft wie möglich auf die weisen, starken, positiven Stimmen zu hören und die negativen zu ignorieren, stärken wir die Weisheit, die in uns lebt.

Wir können zu den Stimmen sagen: »Haut ab, ihr negativen Eltern!« Und: »Was würden meine weisen Eltern sagen?« und dann auf deren positive Ratschläge hören.

Viele Menschen, die dies tun, sind überrascht, wie stark die Botschaften sind, die dann von den weisen inneren Eltern kommen. Natürlich wissen sie, daß sie selbst es sind, die sich Hilfe und Ermutigung geben. Denn diese kommt von innen, nicht von außen.

Ich hatte einmal ein faszinierendes Erlebnis, als mir eine medial begabte Frau einen unglaublich weisen und mächtigen Mann beschrieb, der neben mir stand. Sie empfand ihn als *den* Archetyp eines Vaters. Sie hörte, was er sagte, und spürte seine Präsenz. Dann wurde ihr klar, daß dies mein eigener weiser Vater war, den ich in Gedanken erschaffen hatte und der mich von der Astralebene aus ständig unterstützte und inspirierte. »Du hast dir selbst den Vater erschaffen, den du immer wolltest«, sagte sie zu mir.

Wir alle brauchen weise Eltern – und wir alle können sie uns erschaffen.

1 Schreiben Sie die guten Eigenschaften Ihrer Eltern auf und die vielen positiven Dinge, die sie für Sie getan haben.

Wenn Sie damit fertig sind, denken Sie daran, daß alles, was wir an einem anderen Menschen wahrnehmen, auch in uns steckt, selbst wenn wir uns dieser Eigenschaften nicht bewußt sind. Lesen Sie diese Liste immer wieder, und konzentrieren Sie sich auf die guten Eigenschaften.

____

____

2 Wenn Sie wirklich weise Eltern hätten, was würden diese jetzt zu Ihren augenblicklichen Problemen und Herausforderungen sagen?

____

____

3 Was können Sie tun, um sich selbst eine weise Mutter oder ein weiser Vater zu sein?

____

____

Visualisierungsübung, um sich weise Eltern zu erschaffen

Suchen Sie einen ruhigen Ort auf, an dem Sie ungestört sind. Wenn Sie mögen, heben Sie die Schwingung des Raumes durch schöne Musik, spirituelle Bücher, Kerzen, Räucherstäbchen oder Blumen.

Schließen Sie die Augen, und entspannen Sie sich. Lassen Sie sich Zeit. Atmen Sie langsam und tief ein und aus, und spüren Sie, wie die Anspannung in Ihrem Körper nachläßt.

Stellen Sie sich vor, Sie haben eine weise, fürsorgliche, liebevolle Mutter, die zu Ihnen hält. Was rät sie Ihnen, auf welche Weise Sie sich besser um sich selbst kümmern können?

Jetzt spricht sie von Ihren positiven Eigenschaften und Talenten. Welche erwähnt sie?

Sie liebt Sie, ganz gleich, was Sie tun oder nicht tun. Was sagt sie, um Sie zu ermutigen?

Sie fühlt sich sehr wohl als Frau und hilft Ihnen, sich ebenfalls mit Ihrer weiblichen Energie wohl zu fühlen. (Wenn Sie ein Mann sind, hilft sie Ihnen, sich zu entspannen und sich als Mann wohl zu fühlen.) Hören Sie aufmerksam zu, wenn sie Sie daran erinnert, daß es gut ist, eine Frau (oder ein Mann) zu sein. Nehmen Sie Ihre Gefühle bewußt wahr. Was verändert sich in Ihrem Leben, wenn Sie Ihre Weiblichkeit (Männlichkeit) und Sexualität genießen? Was verändert sich in Ihrer Beziehung zum anderen Geschlecht? Gehen Sie anders mit den Mitgliedern Ihres eigenen Geschlechts um?

Stellen Sie sich jetzt vor, Sie haben einen weisen, starken Vater, der zu Ihnen hält, Ihr Potential erkennt und Sie darin bestärkt, es zu verwirklichen. Er macht Ihnen Mut und hilft Ihnen.

Er ist sehr selbstsicher und gerecht, so daß sie sich sicher genug fühlen, über Ihre gewohnten Grenzen hinauszugehen und etwas Neues auszuprobieren. Wenn er bei Ihnen ist, kann Sie niemand ignorieren oder schlecht behandeln. Er ist so stark, daß Ihr Selbstwertgefühl und Ihr Mut einen Schub erhalten. Nehmen Sie bewußt wahr, wie sich das anfühlt. Wie verändert sich dadurch Ihr Leben?

Er fühlt sich wohl als Mann, und erinnert Sie daran, daß Sie als Mann (oder als Frau) gut genug sind. Seine Worte tun Ihnen gut. Er hilft Ihnen, sich mit Ihrer Sexualität auszusöhnen. Nehmen Sie bewußt wahr, wie sich das anfühlt. Stellen Sie sich vor, wie sich Ihre Beziehungen verändern, weil Sie sich mit Ihrem Geschlecht und Ihrer Sexualität versöhnt haben.

Gehen Sie jetzt in Ihre Kindheit zurück. Sehen Sie sich selbst als kleines Kind, und stellen Sie sich vor, wie Ihre weisen Eltern Sie anleiten, Sie lieben und ermutigen.

Vertrauen Sie sich der Führung dieser weisen Eltern durch die Jahre drei bis acht an. Stellen Sie sich diesen Teil Ihrer Kindheit unter der Anleitung Ihrer weisen Eltern vor. Lassen Sie sich Zeit dabei, damit dieser Teil Ihres Lebens geheilt werden kann.

Lassen Sie sich nun von Ihren weisen Eltern durch die Jahre acht bis dreizehn begleiten.

Durchleben Sie anschließend das Teenageralter mit

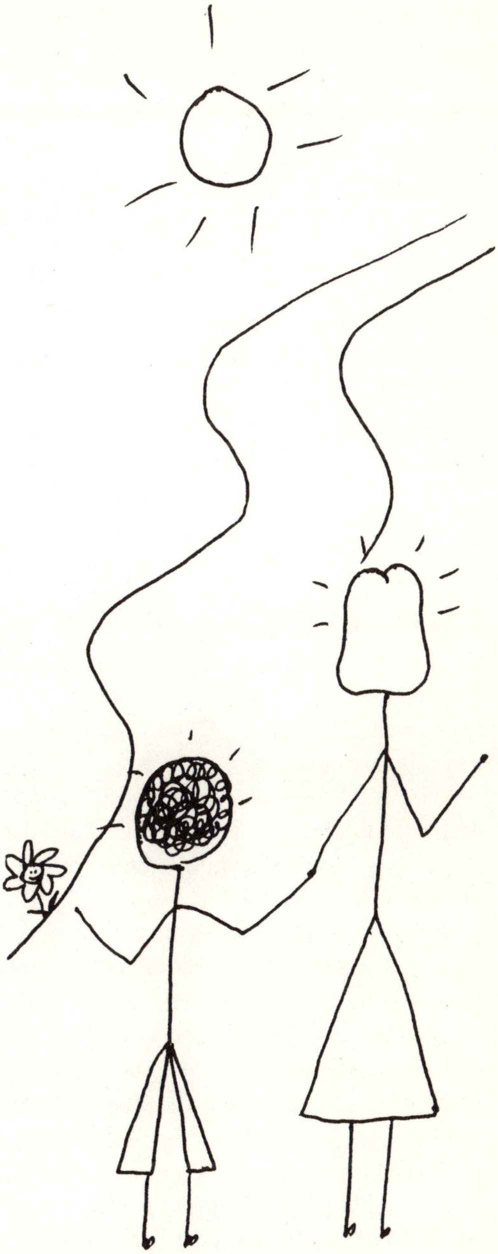

Auf einem sonnigen Weg
mit weisen Eltern

Ihren weisen, selbstsicheren, fürsorglichen Eltern, die Sie immer unterstützen. Erleben Sie dieses Alter auf neue Weise.

Durchleben Sie schwierige Zeiten Ihres Lebens, und lassen Sie sich von Ihren weisen Eltern helfen. Gestatten Sie es Ihrer weisen Mutter und Ihrem weisen Vater, Sie jetzt zu ermutigen, Ihnen zu helfen und Ihnen mit Rat und Tat zur Seite zu stehen. Hören Sie auf sie. Spüren Sie, wie Sie dadurch inspiriert und gestärkt werden, und leiten Sie die notwendigen Veränderungen ein.

Wenn Sie Ihre Augen öffnen, werden Sie sich stärker fühlen und mehr Selbstvertrauen besitzen.

Schreiben Sie hier auf, was Sie während dieser Übung erlebt haben.

Der Märtyrer

Die meisten von uns haben etwas von einem Märtyrer an sich. Und wenn nur ein Elternteil einer war, werden wir auf jeden Fall auch einer sein, denn Märtyrer zeugen Märtyrer.

Die meisten der besonders fürsorglichen und hilfsbereiten Menschen haben einen kleinen Märtyrer in sich, da sie ihre eigenen Bedürfnisse verleugnen. Würden sie zugeben, daß auch sie etwas brauchen, würde die Selbstlosigkeit ihres Dienstes entwertet werden.

Wir sind immer dann Märtyrer, wenn wir sagen, daß es uns gutgeht, obwohl wir eigentlich gar nicht glücklich sind. Die meisten von uns sind so konditioniert, daß sie gar nicht merken, wenn sie lügen. Wir sind auch dann Märtyrer, wenn wir laut seufzen, während wir abwaschen oder die Probleme anderer Menschen lösen.

Wenn wir uns mißverstanden fühlen oder glauben, daß uns niemand wirklich schätzt oder wenigstens merkt, wie schwer wir eigentlich arbeiten, sollten wir uns den inneren Märtyrer einmal anschauen. Auch wenn wir das Gefühl haben, daß alle von uns erwarten, wir sollten uns ihrer Probleme annehmen, oder wenn wir uns schlicht überfordert fühlen, dann geht das aufs Konto des inneren Märtyrers. Manche Märtyrer geben sich selbst die Schuld an den Problemen anderer Leute; manche glauben, daß man ihnen ungerechterweise immer die Schuld für alles in die Schuhe schiebt.

Der Märtyrer in uns leidet. Manchmal leiden wir unter lauten Seufzern und mit zum Himmel erhobenen Händen. Manchmal leiden wir still vor uns hin. Aber in beiden Fällen liegt in uns eine Menge Wut verborgen, weil wir uns des Lebens nicht freuen können. Natürlich gestatten wir uns nicht, auszugehen und Spaß zu haben, denn dann wären wir ja keine Märtyrer mehr. So können wir auch keine Hilfe akzeptieren, obwohl alle sehen können, daß wir leiden. Auch das ist ein Teil des Spiels.

Das Ziel des Märtyrers ist es, in anderen Menschen Schuldgefühle zu erzeugen. »Ich muß da raus und Geld verdienen, während du dich bei der Hausarbeit entspannen kannst!« »Ich koche, während du deine Lieblingssendung im Fernsehen anschaust!« Es ist ja ganz normal, daß Mütter saubermachen, kochen, nähen und stopfen, während sich der Rest der Familie vergnügt.

Ich wußte nicht, daß auch ich Märtyrertendenzen hatte, bis ich einmal etwas unter lautem Seufzen tat und meine Tochter sagte: »Ach Mutti, du arme Märtyrerin!« Da wurde mir schlagartig klar, wie sehr ich mich wie eine Märtyrerin benahm. Wir mußten beide lachen, teilten uns die Hausarbeit und gingen dann aus. Mir wurde auch klar, wie oft ich das in der Vergangenheit getan hatte, und seitdem achte ich besonders auf alle Tendenzen, mich wieder zur Märtyrerin zu machen.

Wenn wir die Märtyrerrolle spielen, sind wir wütend und wollen andere bestrafen. Aber während wir versuchen, andere zu bestrafen, wenden wir unsere Wut auch nach innen und bestrafen uns selbst. Sobald wir dies erkannt haben, sollten wir auch darauf achten, warum wir wütend sind und auf wen. Wut entsteht aus Hilflosigkeit, und es ist wichtig, zu lernen, damit umzugehen. Denken Sie daran, daß die ganze Familie des Märtyrers leidet und auch alle die, die für einen Märtyrer arbeiten.

Als Märtyrer fühlen wir uns edel, als etwas ganz Besonderes oder gar als Heilige. Vielleicht fühlen wir uns überhaupt nur durch Selbstaufopferung gut. Möglicherweise sind wir Märtyrer, weil wir uns wegen irgend etwas schuldig fühlen. Vielleicht halten wir uns für böse und wollen leiden. Aber dabei bestrafen wir gleichzeitig auch alle anderen. Nehmen Sie sich vor, noch heute damit aufzuhören!

1 Checkliste für Märtyrer:
A War ein Elternteil ein Märtyrer?
B Sind manche Ihrer Freunde Märtyrer? Sie sind Spiegelbilder.
C Fühlen Sie sich manchmal mißverstanden oder nicht gewürdigt?
D Fühlen Sie sich überlastet, glauben aber, alles selbst tun zu müssen?
E Arbeiten Sie schwer, und lehnen Sie es ab, sich helfen zu lassen? Glauben Sie, daß andere Ihre Arbeit nicht so gut machen können wie Sie?
F Haben Sie das Gefühl, daß man Ihnen immer die Schuld an allem in die Schuhe schiebt?
G Finden Sie, daß das Leben schwer ist? Tun Sie nur so, als kämen Sie damit zurecht?
H Seufzen Sie bei der Arbeit?
Listen Sie hier Situationen auf, in denen Sie Tendenzen zum Märtyrertum hatten.

2 Denken Sie an eine Zeit, in der Sie den Märtyrer spielten. Von wem wollten Sie Anerkennung bekommen? Von wem wollten Sie Hilfe? Auf wen waren Sie wütend? Wen wollten Sie bestrafen? Weswegen hatten Sie Schuldgefühle?

Visualisierungsübung, um den inneren Märtyrer zu erlösen

Suchen Sie sich einen ruhigen Ort, an dem Sie nicht gestört werden. Sie haben sich diese Zeit der Heilung verdient. Bevor Sie anfangen, rotieren Sie nacheinander alle Gelenke Ihres Körpers, und strecken Sie sie dann. Tun Sie dies mit Zehen, Knöcheln, Knien, Hüften, Schultern, Hals, Ellenbogen, Handgelenken und Fingern. So kann die Energie in Ihrem Körper besser fließen, und Sie werden sich effektiver entspannen.

Schließen Sie die Augen, richten Sie die Wirbelsäule auf, und stellen Sie die Füße fest auf den Boden.

Denken Sie an die Menschen, auf die Sie wütend sind, weil Sie immer die ganze Arbeit machen oder alle Verantwortung übernehmen müssen oder von ihnen immer die Schuld in die Schuhe geschoben bekommen. Stellen Sie sich vor, diese Menschen stünden vor Ihnen. Was möchten Sie ihnen endlich einmal sagen? Gestatten Sie sich, Ihre Wut und Ihren Groll auszudrücken. Was möchten Sie mit ihnen tun? Tun Sie es! Wenn Sie sie bestrafen möchten, tun Sie es, damit es Sie nicht länger bedrückt.

Schauen Sie ihnen jetzt in die Augen, und sehen Sie, wie sie sich fürchten. Sie haben Ihre Wut nämlich schon immer gespürt. Arbeiten Sie sich durch ihre oberflächlichen Ängste hindurch, bis Sie sich sicher sind, daß Sie zu ihrer Grundangst gekommen sind. Was brauchen diese Menschen von Ihnen? Öffnen Sie Ihr Herz, und geben Sie ihnen, was sie brauchen.

Begreifen Sie, daß die Angst der anderen eine Widerspiegelung Ihrer eigenen ist. Was haben *Sie* die ganze Zeit von ihnen gebraucht? Lassen Sie zu, daß sie Ihnen die Aufmerksamkeit, die Bestätigung, die Liebe, das Lob und den Dank geben, die Sie brauchen. Öffnen Sie sich, und lassen Sie es zu, daß Sie das bekommen, was Sie wirklich wollen.

Gehen Sie jetzt im Geiste mit einem schweren Rucksack auf dem Rücken einen Berg hinauf. Das ist die Last, die Sie getragen haben. Nehmen Sie all das unnütze Zeug heraus, und schauen Sie sich an, was für einen Müll Sie mit sich herumgeschleppt haben. Graben Sie ein Loch, und werfen Sie den Müll Stück für Stück hinein. Schaufeln Sie das Loch zu, und schauen Sie zu, wie die Erde den Müll aufnimmt und ihn umwandelt.

Pflanzen Sie an dieser Stelle Samen der Freude, Liebe und Freiheit. Begießen Sie die Samen, und segnen Sie sie. Schauen Sie zu, wie aus ihnen wunderschöne Blumen werden.

Spüren Sie das Gefühl der Freiheit. Sie sind jetzt viel glücklicher und haben mehr Selbstvertrauen. Tanzen Sie, singen Sie, laufen Sie! Tun Sie, was immer Sie wollen, um Ihr neues Selbst zu feiern.

Stellen Sie sich vor, daß Sie deutlich um die Hilfe bitten, die Sie brauchen, und nehmen Sie sie dankbar an. Sehen Sie vor Ihrem geistigen Auge, wie Sie mit anderen Menschen zusammenarbeiten, statt alles allein zu machen.

Sehen Sie auch, daß Sie Anerkennung bekommen. Hören Sie die Komplimente und die netten Dinge, die die Leute zu Ihrem neuen Selbst sagen. Merken Sie, wie Sie von ihnen respektiert werden?

Verzeihen Sie sich selbst für die Schwierigkeiten, die Sie sich und anderen gemacht haben. Stellen Sie sich vor, wie Sie sich den anderen anschließen und Spaß mit ihnen haben.

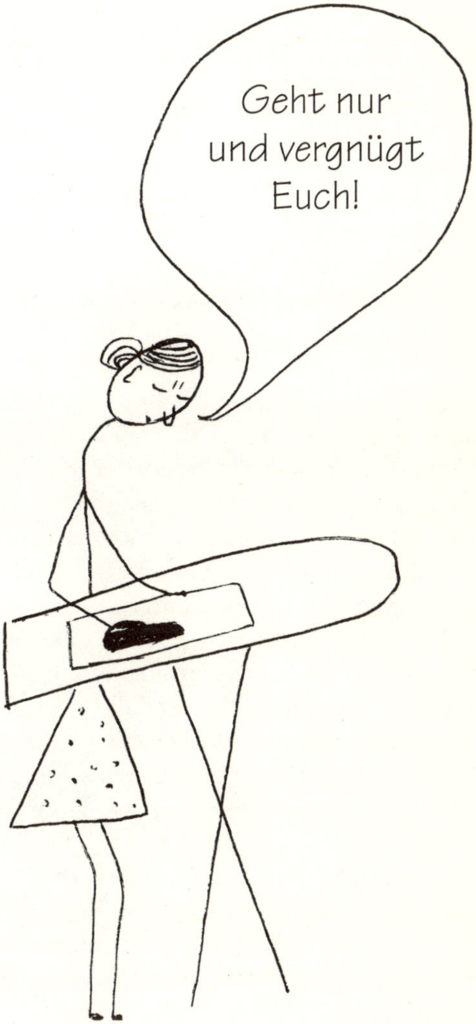

Öffnen Sie nun die Augen, kehren Sie in den Raum zurück, und nehmen Sie sich vor, mehr zu lachen und das Leben zu genießen.

Beschreiben oder zeichnen Sie, was Sie während dieser Übung erlebt haben.

Die Wahl der angemessenen Reaktion

Sobald jemand bei uns die richtigen »Knöpfe« drückt (unsere negativen Glaubensmuster aktiviert), reißen alte Wunden wieder auf, und wir verhalten uns wie Kinder. Jeden Augenblick schreiben wir am Drehbuch unseres Lebens und spielen eine Rolle, die wir uns selbst zugeteilt haben. Meistens reagieren wir völlig automatisch, wenn jemand unsere »Knöpfe« drückt. Sobald wir das begriffen haben, können wir uns jedoch dafür entscheiden, uns sofort anders zu verhalten. Dann ändert sich auch das Drehbuch unseres Lebens – allmählich, aber bestimmt.

Solche Knöpfe sind beispielsweise Glaubensmuster wie »Ich werde nicht geschätzt, anerkannt oder verstanden«, »Niemand kümmert sich um mich« oder »Ich fühle mich abgelehnt oder ungeliebt«. Hat jemand einen Knopf »Ich werde nicht geschätzt«, wird er wahrscheinlich versuchen, schwer zu arbeiten, um sein Selbstwertgefühl zu steigern. Dann passiert es, daß er einmal zwei Minuten im Garten sitzt, und sofort kommt ein Freund vorbei und sagt: »Manche können es sich eben leisten, nichts zu tun!« Plötzlich hat er das Gefühl, daß niemand seine Arbeit würdigt. Er reagiert wütend, abweisend oder selbstgerecht und fühlt sich schlecht.

Er könnte sich aber auch dafür entscheiden, zu lächeln und zu sagen: »Ja, ich genieße es, einfach einmal hier im Garten zu sitzen.«

Hier ein weiteres Beispiel, wie unsere Knöpfe gedrückt werden und wie wir bewußt damit umgehen können. Eine Frau kam zu mir, weil sie immer häufiger mit ihrer Tochter aneinandergeriet. Sie war eine Mutter, die sich um alle kümmerte. Nun weigerte sich ihre Tochter zu frühstücken. Nach jahrelangem Kampf akzeptierte die Mutter es. Dann, an einem Sonntag, als sie ihrem Mann das Frühstück ans Bett gebracht und selbst in der Küche gegessen hatte, kam ihre Tochter herein und sagte: »Du hast Rührei gegessen. Du weißt doch, wie sehr ich Rührei liebe. Warum hast du mir keines gemacht?«

»Ich kochte vor Wut!« erzählte die Frau. »Und ich schrie sie an. Ich hatte das Gefühl, sie würde mich überhaupt nicht schätzen. Wir hatten einen furchtbaren Streit!« Sie erkannte zwar, daß ihre Tochter diese Bemerkung gemacht hatte, um Zuwendung zu erhalten, aber »ihre Knöpfe waren gedrückt«, und ihre gewohnheitsmäßigen Reaktionen erwiesen sich als stärker als ihr fürsorgliches, liebevolles Wesen.

Ich bat die Frau, die Augen zu schließen und vor ihrem inneren Auge noch einmal zu sehen, wie ihre Tochter an jenem Morgen in die Küche kam. Sie spielte die Szene in der Vorstellung abermals durch und spürte eine vertraute Anspannung in ihrem Solarplexus.

Ich fragte: »Wie alt scheint Ihre Tochter zu sein?«

Sie antwortete: »Etwa vier!«

»Und wie alt fühlen Sie sich?«

»Zwei! Ich habe mich als Kind oft so gefühlt. Niemand wußte meine Bemühungen zu schätzen, sosehr ich mich auch anstrengte. Kein Wunder, daß wir uns gestritten haben. Sie ist vier, und ich bin zwei!«

Ich bat sie, die Zweijährige in ihrer Vorstellung in den Arm zu nehmen und ihr so viel Anerkennung und Liebe zu geben, wie sie brauchte. Nachdem sie das Kind umarmt und gelobt hatte, schloß sie es in ihr Herz. Jetzt war sie offen, bereit dazu, liebevoll die Bedürfnisse ihrer Tochter zu erkennen und darauf einzugehen. Ihr erwachsenes Selbst lächelte, als sie ihre Tochter sagen hörte: »Du hast mir kein Rührei gemacht!« Sie streckte die Arme aus, damit ihre Tochter zu ihr kommen konnte. Sie fühlte sich zärtlich und liebevoll.

Ihr war klar, daß sie diese Übung wahrscheinlich noch oft würde ausführen müssen, wußte aber auch, daß in Zukunft niemand diesen Knopf drücken konnte, wenn sie sich einen Moment Zeit zum Überlegen nahm.

1 Stellen Sie eine Liste der Situationen zusammen, in denen regelmäßig Ihre Knöpfe gedrückt werden. Fügen Sie im Laufe der Zeit, wenn Sie bewußter geworden sind, weitere Situationen hinzu.

2 Schließen Sie die Augen, und spüren Sie, wie alt Sie werden, wenn diese Knöpfe gedrückt werden. Was möchte das Kind in Ihnen hören oder bekommen? Lassen Sie es zu, daß das erwachsene Selbst dem inneren Kind gibt, was es braucht.

3 Schließen Sie die Augen, und spüren Sie, was der Mensch, der Ihre Knöpfe gedrückt hat, braucht. Da wir immer unsere eigenen Ängste anziehen, wird er unter derselben Angst leiden wie wir, so unwahrscheinlich das auf den ersten Blick auch klingen mag. Schenken Sie ihm die Liebe und Anerkennung, die Sie auch sich selbst gegeben haben.
Schreiben Sie hier auf, was Sie dabei fühlen.

Die wunden Punkte anderer Menschen

Wenn andere Menschen unsere Knöpfe drücken, können wir auch davon ausgehen, daß wir die Knöpfe anderer Menschen drücken. Und wenn wir dies absichtlich tun, obwohl wir wissen, daß bestimmte Dinge sie verletzen oder wütend machen, sollten wir uns unsere Motive genau anschauen. Was springt für uns dabei heraus?

Wissen wir, wie es ist, nicht gemocht zu werden oder in Schwierigkeiten zu geraten?
Halten wir auf diese Weise Menschen von uns fern, die uns zu nahe zu kommen drohen?
Benutzen wir es als Ausrede, anderen die Schuld an etwas zu geben?
Gibt es uns ein Gefühl der Macht?
Ist es die einzige Möglichkeit, Aufmerksamkeit zu bekommen?

Da dieses Verhalten nicht dazu beiträgt, sich selbst weiterzuentwickeln, ist es an der Zeit, wirksamere Wege zu finden, um das zu bekommen, was wir brauchen.

Wenn wir unabsichtlich die Knöpfe anderer Menschen drücken, sie verletzen oder wütend machen und gar nicht wissen, wie wir es tun, kann es hilfreich sein, uns in die Lage der anderen zu versetzen und nachzuempfinden, was sie fühlen. Wenn wir mit ihnen über ihr Leben reden, ihnen wirklich zuhören und versuchen, sie zu verstehen, können wir in ihre Welt eintreten und ihnen das geben, was sie von uns brauchen. Dann können wir uns bewußt dafür entscheiden, die positiven Kräfte der Ermutigung und des Lobes einzusetzen, statt die negative Kraft des Knöpfedrückens.

Normalerweise brauchen andere Menschen von uns genau das, was wir von ihnen brauchen. Ich hatte einmal ein Problem mit meiner Mutter, die ständig an meiner Arbeit herumnörgelte. Sie war der Meinung, daß alles, was ich tat, einfach lächerlich war. Das drückte eine ganze Reihe meiner Knöpfe, so daß ich frustriert und wütend war. Im nachhinein habe ich erkannt, daß das verletzte Kind in mir als Vergeltung absichtlich einige Knöpfe bei meiner Mutter drückte.

Eines Tages setzte ich mich hin und schrieb auf, was ich eigentlich von ihr wollte. Natürlich wollte ich auch, daß sie meine Arbeit schätzte, daß sie mir sagte, daß sie sie für wertvoll und nützlich hielt. Ich nahm mir vor, mit ihr darüber zu reden. Ich hatte kaum angefangen, da platzte sie heraus, wie gerne sie Krankenschwester gewesen war. Ihr ganzes Leben hatte sich darum gedreht, und niemand hatte je mit ihr darüber reden wollen. Da ihr die Familie immer gesagt hatte, sie solle damit aufhören, oder sich gelangweilt und uninteressiert gezeigt hatte, hatte sie sich verschlossen und nie mehr darüber gesprochen.

Plötzlich war mir alles klar. Es war unmöglich für sie, meine Arbeit zu würdigen, bevor sie nicht das Gefühl hatte, ich würde die ihre schätzen. Sie hatte ihren Beruf noch vor meiner Geburt aufgegeben – vor über fünfzig Jahren. Und immer noch rumorte es in ihr, daß ihre Fähigkeiten nicht anerkannt worden waren.

Ich konnte mich daran erinnern, wie fürsorglich meine Mutter immer gewesen war, wenn wir Kinder krank wurden. Also fiel es mir nicht schwer, sie mir als ausgezeichnete, mitfühlende Krankenschwester vorzustellen. Und so lernte ich ihre Arbeit wirklich schätzen. Die Wirkung war augenblicklich sichtbar, denn sie begann mich sofort nach meiner Arbeit zu fragen. Ihre Einstellung hatte sich total gewandelt. Ich bemühte mich von da an, sie zu ermutigen, statt ihre Knöpfe zu drücken, und mir geht es seither viel besser.

1 Wessen Knöpfe drücken Sie? Welche Knöpfe sind es, und was springt für Sie dabei heraus?

Name	Knopf	Belohnung
______	______	______
______	______	______
______	______	______

2 Was brauchen Sie von diesen Menschen? Möchten Sie zum Beispiel geliebt, bewundert, respektiert, geschätzt oder verstanden werden?

______

______

______

3 Was brauchen die anderen von Ihnen? Wie können Sie diese Bedürfnisse befriedigen?

______

______

______

Visualisierungsübung, um Selbstvertrauen zu gewinnen

Suchen Sie sich einen ruhigen Ort, an dem Sie sich entspannen können und nicht gestört werden. Erinnern Sie sich daran, daß es Ihr Recht ist, Selbstvertrauen zu haben und stark zu sein. Deshalb haben Sie sich diese halbe oder besser noch ganze Stunde verdient.

Machen Sie es sich in einem bequemen Sessel gemütlich. Der Rücken sollte gerade, aber entspannt sein. Schließen Sie langsam Ihre Augen. Spüren Sie das Gewicht Ihrer Füße auf dem Boden. Fühlen Sie, wie die Schwere in Ihre Beine strömt. Atmen Sie in die Beine hinein, um dieses Gefühl zu verstärken. Lassen Sie die Schwere in Ihren ganzen Körper strömen, bis Sie sich wohlig schwer fühlen.

Stellen Sie sich einen wunderschönen Garten vor, der voller Sommerblumen ist. Lassen Sie sich Zeit, den grünen Rasen und die farbenfrohen Blüten zu bewundern. Spüren Sie die Wärme der Sonne. Riechen Sie die Düfte der Blumen. Hören Sie die typischen Geräusche eines Sommertages.

Nun betritt jemand, den Sie verletzt oder geärgert haben, den Garten. Vielleicht haben Sie seine Knöpfe absichtlich gedrückt, vielleicht sind Sie sich gar nicht bewußt, daß Sie es getan haben.

Dieser andere Mensch ist ungeheuer wichtig für Sie, denn er kann Ihnen viel über Sie selbst zeigen. Deshalb sind Sie ungeheuer daran interessiert, mehr über ihn herauszufinden. Lassen Sie ihn von sich erzählen, und hören Sie ihm wirklich zu. Was gibt er von seinem Leben und seinen Gefühlen preis? Sollte es Ihnen nicht gelingen, ihn zum Reden zu bringen, stellen Sie sich einfach vor, was er sagen würde.

Versetzen Sie sich jetzt in die Lage des anderen Menschen. Wie fühlt es sich an, in seinem Körper zu stecken? Da Sie nun der andere sind, sprechen Sie über Ihre Kindheit, Ihre Ängste und Gefühle. Sprechen Sie über die Person, die Sie so ärgert und verletzt. Was fühlen Sie ihr gegenüber? Was möchten Sie von ihr?

Kehren Sie wieder in Ihren eigenen Körper zurück. Nun, da Sie die andere Person kennen, die Sie so lange geärgert oder verletzt haben, was fühlen Sie ihr gegenüber?

Geben Sie dem anderen, was er braucht. Sollte er ein Rivale sein, erinnern Sie sich daran, daß genug für alle da ist.

Jetzt sind Sie an der Reihe, etwas zu bekommen. Was brau-

Wünschen Sie Ihren Rivalen Erfolg!

chen Sie von der anderen Person? Öffnen Sie sich, damit sie Ihnen alles geben kann, was Sie möchten. Stellen Sie es sich deutlich vor, und fühlen Sie, wie Sie es bekommen.

Lassen Sie sich Zeit, um sich zu entspannen und dieses Gefühl zu genießen.

Jetzt, da Ihr Selbstvertrauen gestärkt ist und Sie sich geliebt und angenommen fühlen, können Sie sich da dem anderen Menschen gegenüber anders verhalten? Was können Sie anders tun oder anders sagen? Umarmen Sie den anderen, und teilen Sie ihm mit, was Sie ihm wirklich sagen möchten. Sehen Sie ihm dann nach, wie er aus dem Garten hinausgeht.

Nehmen Sie dieses schöne Gefühl mit hinaus in die Welt, und spüren Sie, daß Sie mit allen Menschen besser zurechtkommen.

Öffnen Sie nun die Augen.

Schreiben Sie hier auf, was Sie während dieser Übung erlebt haben.

Verwandeln Sie Ihre Beziehungen

Beziehungen

Auf der irdischen Ebene existieren zwei Gründe für Beziehungen: persönliches Wachstum und Spaß.

Niemand tritt zufällig in unser Leben. Wir sind wie Magneten, die magnetische Energie aussenden und die entsprechenden Menschen anziehen. Senden wir negative Energie aus, ziehen wir negative Menschen an. Senden wir hingegen eine schöne positive Energie aus, ziehen wir schöne positive Menschen an.

Alle Menschen, die wir in unser Leben gebracht haben, sind eine genaue Widerspiegelung unserer eigenen Energie. Daher werden wir zum Beispiel depressive Menschen anziehen, wenn wir so tun, als wären wir ungeheuer glücklich und lebensfroh, um unseren Hang zur Depression zu verschleiern. Sind wir Opportunisten, die es allen recht machen wollen, aber einen tiefen Groll verbergen, werden wir griesgrämige Menschen anziehen.

Menschen und Situationen in unserem Leben sind wie Spiegel für uns, in die wir schauen können, um zu sehen, was in unserem Innern vor sich geht. *Jeder Mensch repräsentiert einen Teil von uns in einem anderen Körper.* Wenn wir in einem Spiegelkabinett stehen, sehen wir in jeder Richtung einen anderen Aspekt von uns selbst. Und auch die Menschen, die unser Leben teilen, spiegeln verschiedene Teile unserer Persönlichkeit wider. Wir gehen Beziehungen mit ihnen ein, um etwas über uns selbst zu lernen. Unsere Aufgabe besteht darin, diejenigen unserer Aspekte zu akzeptieren, die sie repräsentieren, damit wir wachsen können.

Wenn wir uns mit jemandem nicht verstehen, gibt es dafür nur einen Grund: Der andere erinnert uns an einen Teil unseres Selbst, den wir nicht mögen. Zwar sagen wir: »Er schafft es, daß es mir schlecht geht!«, aber tatsächlich spiegelt er nur den Teil in uns wider, der glaubt, schlecht zu sein. Oder wir sagen: »Sie kriegt es hin, daß ich mich schuldig fühle!«, aber wie wir bereits wissen, kann uns niemand dazu bringen, irgend etwas zu fühlen. Die andere Person erinnert uns einfach an unsere Schuldgefühle.

Mögen wir jemanden, liegt das daran, daß es uns mit dieser Person gutgeht (daß wir mit ihr glücklich, freudig erregt oder zärtlich sind). Sie erinnert uns an die Teile in uns, mit denen wir zufrieden sind. Sie drückt einen guten Knopf, und schon mögen wir sie.

Selbst Fremde rufen bestimmte Gefühle in uns hervor, weil wir unsere Persönlichkeit auf sie projizieren. Je mehr wir ganz werden und je mehr Teile unseres Selbst wir akzeptieren, desto leichter wird es, uns mit viel mehr Menschen zu verstehen. Unsere Beziehungen hängen davon ab, wie wir zu uns selbst stehen – und nicht vom anderen Menschen.

Daher gibt es nur eine wirklich wichtige Beziehung: die zu uns selbst. Alle anderen Beziehungen spiegeln diese eine direkt wider. Aber sie spiegeln nicht das wider, was sie wirklich sind, sondern das, was wir fühlen.

Angenommen, wir kennen einen Mann, der ein Dieb und Betrüger ist, während wir selbst relativ ehrlich sind. Wenn uns sein Verhalten nicht besonders stört, weil wir ihn akzeptieren und nicht urteilen, dann ist dieser Aspekt nicht der Spiegel. Dann sollten wir uns anschauen, welche Gefühle er in uns hervorruft. Vielleicht fühlen wir uns in seiner Nähe verletzlich. So wird er zu einem Spiegel unserer Verletzlichkeit.

1 Stellen Sie eine Liste der Menschen zusammen, die Sie mögen. An welche Ihrer positiven Eigenschaften erinnern sie Sie? Welche positiven Eigenschaften haben sie?

Name	Sie erinnern mich, daß ich ...	Positive Eigenschaften
______	______	______
______	______	______

2 Stellen Sie eine Liste der Menschen zusammen, die Sie nicht mögen. An welche Ihrer negativen Eigenschaften erinnern sie Sie? Welche negativen Eigenschaften haben sie?

Name	Sie erinnern mich, daß ich ...	Negative Eigenschaften
______	______	______
______	______	______

3a In uns allen existieren Gegensätze. Deshalb seien Sie bitte nicht überrascht, wenn solche Gegensätze auf Ihrer Liste erscheinen, zum Beispiel: Positive Eigenschaft – freundlich, negative Eigenschaft – unfreundlich. Schreiben Sie noch einmal Ihre positiven Eigenschaften auf. Das verstärkt sie.

___

___

3b Schauen Sie sich die Liste der negativen Eigenschaften noch einmal an. Schreiben Sie jetzt die gegenteiligen Eigenschaften auf, und bekräftigen Sie sie mit einer Affirmation. Zum Beispiel: unzufrieden. Schreiben Sie: zufrieden. Affirmation: Ich bin zufrieden.

___

___

Visualisierungsübung, um Ihr positives Selbst zu akzeptieren

Suchen Sie sich einen ruhigen Ort, an dem Sie so lange, wie Sie wollen, ungestört sein werden. Geben Sie sich selbst die Erlaubnis, sich Zeit zu nehmen, damit Heilung stattfinden kann. Diese Übung ist sehr wichtig für Sie.

Schließen Sie die Augen, und gestatten Sie sich, sich zu entspannen. Legen Sie Ihre Sorgen und Nöte eine nach der anderen in eine Schachtel. Wenn Sie alle hineingetan haben, legen Sie den Deckel fest darauf.

Lassen Sie vor Ihrem geistigen Auge die Menschen erscheinen, in deren Gegenwart Sie sich wohl fühlen. Schauen Sie sich all diese netten, gütigen, großzügigen, fürsorglichen, schönen, ehrlichen, erfolgreichen, positiven Menschen an, mit denen Sie so viel Spaß haben und die ein Teil Ihres Lebens sind. Während Sie einen nach dem anderen anschauen, rufen Sie sich ihre positiven Eigenschaften in Erinnerung. Sie können diese guten Fähigkeiten nur dann erkennen, wenn sie auch in Ihnen selbst vorhanden sind. Werden Sie sich bewußt, daß diese Menschen Ihre eigenen positiven Eigenschaften widerspiegeln.

Benennen Sie die guten Fähigkeiten, während Sie diese Menschen ansehen. Akzeptieren Sie diese positiven Eigenschaften, und schließen Sie eine nach der anderen in Ihr Herz. Sie sind ein erstaunlicher Mensch! Gestatten Sie sich, Ihre innere Wärme, Ihre Liebesfähigkeit und Ihr offenes Herz zu spüren.

Das größte Geschenk, das wir einem anderen machen können, besteht darin, seine guten Eigenschaften widerzuspiegeln.

Entspannen Sie sich noch mehr, und atmen Sie goldenes Licht ein, bis Ihr Bewußtsein von Gold erfüllt und voller Akzeptanz ist.

Denken Sie nun an die Menschen, die Ihre negativen Eigenschaften widerspiegeln. Schauen Sie Ihnen in die Augen, und erkennen Sie die Angst, die sie dazu bringt, so negativ zu sein. Spüren Sie, wie ein Strom goldenen Mitgefühls aus Ihrem Herzen fließt und die anderen einhüllt. Beobachten Sie, wie diese goldenen Energie ihre Angst auflöst.

Schauen Sie jetzt Ihr inneres Kind an, das diese Eigenschaften entwickelt hat, um sein Überleben zu sichern. Akzeptieren Sie seine Angst. Erinnern Sie es daran, daß es damals sehr verletzlich war und nicht wußte, wie es sich sonst verhalten sollte. Erinnern Sie es daran, daß Sie es immer noch lieben und daß es viele positive Fähigkeiten hat, die es mit Ihrer Hilfe ausdrücken wird. Umarmen Sie das Kind. Lieben und akzeptieren Sie es. Wenn es sich ganz sicher fühlt und anfängt zu strahlen, schließen Sie es in Ihr Herz.

Spüren Sie, wie Sie selbst warm und von goldenem Licht erfüllt werden. Die wunderbare goldene Energie strahlt über Ihren physischen Körper hinaus und durchdringt die Dunkelheit. Stellen Sie sich vor, daß die goldene Energie Ihr Haus umgibt, so daß es in goldenem Glanz erstrahlt.

Viele Menschen sind in der Finsternis der Angst und des Schmerzes gefangen. Lassen Sie dieses ganz besondere Licht zu jedem Menschen, der es braucht, in jeden Teil der Welt fließen.

Schreiben Sie auf, was Sie während dieser Übung erlebt haben.

Spiegelbilder

Sobald wir wirklich verstehen, wie das Spiegelprinzip funktioniert, steht uns ein erstaunliches Wachstumsinstrument zur Verfügung. Es gilt zu erkennen, daß jeder Mensch, der in unser Leben tritt, uns die Möglichkeit bietet, etwas zu lernen.

Hier ein Beispiel für das Funktionieren des Spiegelprinzips: Wenn wir glauben, daß wir dumm sind, werden wir Menschen anziehen, in deren Gegenwart wir uns dumm vorkommen, und Situationen, in denen wir uns dumm fühlen. Dabei spiegeln diese Menschen und diese Situationen einfach nur unser Gefühl wider, damit wir unsere Überzeugung erkennen können.

Eine Frau schrieb mir, daß ihr Mann unglaublich reizbar, übellaunig und wütend war. Sie konnte das nicht verstehen, weil sie sich selbst für sanft, entspannt und nett hielt. Als ich sie traf, zitterte ihr Unterkiefer vor Anspannung. Sie versuchte, sich unter Kontrolle zu halten, und auf ihrem Gesicht war ein Lächeln eingefroren. Ihr Mann spiegelte nur ihre unterdrückte Wut wider.

Ein Klient erzählte mir, daß er ein sehr erfolgreicher Geschäftsmann sei, bezeichnete aber seine besten Freunde alle als Versager. Er war zwar tatsächlich erfolgreich, kämpfte aber verzweifelt gegen seine Angst an zu versagen. Seine Freunde spiegelten nur diese Angst vor dem Versagen wider.

Daher sollten wir es nicht einfach hinnehmen, daß wir bestimmte Menschen nicht mögen, und versuchen, ihnen aus dem Weg zu gehen. Unsere Aufgabe besteht vielmehr darin, unser Glaubenssystem zu ändern. Sobald wir das tun, verändert sich auch unser äußeres Spiegelbild. Entweder

Erkennen Sie auch Ihre guten Seiten.

verschwindet der betreffende Mensch aus unserem Leben, oder unsere Einstellung verändert sich so sehr, daß wir nicht mehr dieselben Gefühle für ihn hegen. Normalerweise sind uns die wahren Gründe für diesen Gefühlswandel nicht bewußt, und so glauben wir, daß er es ist, der sich verändert hat!

Eine weitere Möglichkeit, sich das Spiegelprinzip zunutze zu machen, besteht darin, zu fragen: »Was halte ich von diesem Menschen?«

Wenn ich ihn ablehne, sollte ich mir anschauen, welchen Teil von mir selbst ich ablehne. Schließlich ist er »Ich« in einem anderen Körper. Gefällt mir zum Beispiel sein Umgang mit seiner Sexualität nicht, sollte ich meine eigene anschauen.

Auf diese Weise können wir uns alle Menschen anschauen, die wir kennen – Freunde, Verwandte, Kollegen, Bekannte –, und herausfinden, welche unserer Eigenschaften sie widerspiegeln.

Es ist wichtig, daß wir uns auch die positiven Spiegelbilder unserer selbst anschauen. Im Prozeß des persönlichen Wachstums konzentrieren wir uns nur allzu leicht auf die negativen Dinge, weil wir eine unbewußte Tendenz haben, im Schmutz herumwühlen zu müssen. Wir müssen uns viel öfter im positiven Licht der Ermutigung sehen!

Wenn wir uns die Menschen um uns herum anschauen, sollten wir auch ihre wunderbaren Eigenschaften sehen. Auch das sind Spiegel, die uns Teile unseres Selbst zeigen.

Denken Sie daran: Das größte Geschenk, das wir anderen machen können, besteht darin, ihre Liebe widerzuspiegeln.

1 Führen Sie die zehn Menschen auf, die Ihnen am nächsten stehen. Was spiegeln sie wider (positiv und negativ)?
Zum Beispiel: Tante Emma ist eine alte nörgelnde Hexe. Onkel Albert ist aufmerksam und freundlich.

______

______

2 Schließen Sie die Augen. Suchen Sie nach den negativen und positiven Aspekten in sich selbst, und unterhalten Sie sich mit ihnen. Nehmen Sie als Beispiel Tante Emma, und suchen Sie nach dem nörgelnden Teil in sich selbst. Finden Sie heraus, warum Sie selbst eine nörgelnde alte Hexe geworden sind, und geben Sie sich, was Sie brauchen, um sich nicht länger so zu verhalten.

Nehmen Sie dann Onkel Albert, und sprechen Sie mit dem aufmerksamen und freundlichen Aspekt von sich selbst. Danken Sie diesem Teil dafür, daß er Ihnen im Leben so sehr geholfen hat.

Schreiben Sie hier auf, was Sie aus dieser Übung gelernt haben.

______

______

Der Schatten

Wie ich bereits erklärt habe, spiegelt jeder Mensch, der Teil unseres Leben ist, einen Aspekt unseres Selbst wider. Wenn wir ihn nicht mögen, spiegelt er einen Teil von uns, den wir nicht mögen. Hassen wir ihn gar, ist er ein richtiges Geschenk für uns, da er uns unseren Schatten zeigt.

Unser Schatten ist der Teil von uns, den wir nicht akzeptieren und daher verleugnen. Normalerweise wenden wir eine Menge Energie auf, um unser Schattenselbst aus unserem Bewußtsein zu verbannen. Wir können aber erkennen, worin unsere verdrängten Teile bestehen, da wir sie in anderen Menschen hassen.

Nehmen wir zum Beispiel einen netten, zurückhaltenden Mann. Er versucht, es allen recht zu machen, und fühlt sich vollkommen machtlos. Und weil er seine Macht aufgegeben hat, unterdrückt er eine Menge Wut. Es ist unvermeidbar, daß er genau die Menschen anzieht, die ausleben, was er unterdrückt: starke, zornige Menschen. Es überrascht nicht, daß er diese Menschen haßt, denn da er weder mit seiner eigenen Kraft noch mit seiner Wut umgehen kann, kann er die der anderen nicht ertragen.

Je mehr wir aus dem Gleichgewicht geraten sind, desto größer ist unser Schatten. Jemand, der alles daran setzt, es allen recht zu machen, wird eine gewaltige Wut unterdrücken.

Menschen, die zum Beispiel Homosexuelle hassen, kommen mit ihrer eigenen Sexualität nicht zurecht. Deshalb versuchen sie, ihren Schatten auszuradieren, wenn sie ihn in anderen sehen.

Unser Schatten kann tiefschwarz, aber auch grau sein. Je mehr wir wollen, daß uns alle nett finden, desto mehr verdrängen, verbergen und verleugnen wir das Gegenteil, nämlich den Teil in uns, der gemein ist, und desto schwärzer ist er. Wut, Groll und Bösartigkeit sind wie Vulkane, die in uns schwelen. Und plötzlich brechen diese verdrängten Gefühle aus, da viel psychische Energie nötig ist, um Gefühle dauerhaft zu unterdrücken.

Wird ein sanfter Mensch unter dem Einfluß von Alkohol gewalttätig, zeigt sich sein Schatten. Ist ein zwanghaft ehrlicher, aufrichtiger Mensch Streß ausgesetzt, kann er Ladendiebstahl begehen. Der Moralapostel, der gegen Sex predigt, könnte eine Affäre haben.

Der Schatten des zwanghaft fürsorglichen Menschen ist äußerst bedürftig. Der einer Person, die sich unermüdlich um alle kümmert, ist abgestumpft. Der eines Menschen, der immer großzügig ist, ist gemein. Immer wenn ein Teil von uns aus dem Gleichgewicht geraten ist, haben wir einen Schatten, der in unseren Träumen Gestalt annimmt. Übertriebenes Verhalten weist immer auf die Anwesenheit eines Schattens hin. Dasselbe tun Menschen und Dinge, die wir hassen.

Wann immer wir ein Urteil über jemanden fällen, zeigt das, daß wir einen Teil von uns unterdrücken. Sobald wir aber unsere eigene Unvollkommenheit erkennen und akzeptieren, wird uns auch der andere Mensch nicht mehr stören.

Nur wenn wir beides, das Nette und das Gemeine, integrieren, können wir authentisch und zufrieden mit uns sein und im Umgang mit anderen Menschen klare Botschaften aussenden.

Da wir den Schatten nicht ausradieren können, müssen wir ihn im Licht von Akzeptanz und Urteilsfreiheit sehen. Dann befinden wir uns im Gleichgewicht, so wie die im Zenit stehende Sonne im Gleichgewicht ist und keinen Schatten wirft.

1 Den Schatten erkennen

Wen mögen Sie absolut nicht? Wen hassen Sie? Welche seiner Eigenschaften hassen Sie? Das sind Ihre Schattenanteile. Je mehr Sie sie verdrängen, desto wahrscheinlicher ist es, daß Sie diese Seite herausreißen oder diese Übung blödsinnig finden werden. Machen Sie trotzdem weiter. Es ist wichtig.

Zum Beispiel: Ich hasse Susanne. Sie ist sexuell zu freizügig und schlampig und benimmt sich unprofessionell. In diesem Fall bin ich wahrscheinlich sexuell in irgendeiner Weise gehemmt, überaus gewissenhaft und besonders professionell. Ich kann weder meine Sexualität noch meine Karriere fließen lassen, weil ich so viel Energie brauche, um meinen Schatten zu unterdrücken. Die Zeit ist gekommen, ihn zu befreien.

Menschen, die ich hasse:	Was ich an ihnen hasse:
____________________	____________________
____________________	____________________

2 Zu welchen Veränderungen sind Sie bereit?

____

____

Visualisierungsübung, um den Schatten zu verstehen

Finden Sie die geeignete Zeit und den Ort, um während dieser Übung ganz ungestört zu sein. Schließen Sie die Augen, und atmen Sie langsam und gleichmäßig ein und aus. Konzentrieren Sie sich auf Ihr Herzzentrum, und nehmen Sie das Heben und Senken Ihrer Brust wahr.

Wenn Ihnen angenehm warm ist und Sie sich entspannt fühlen, stellen Sie sich vor, daß in Ihrer Brust eine orangerote glühende Sonne aufgeht. Lassen Sie zu, daß sie Ihre Brust öffnet und ihren Glanz um Sie herum verbreitet.

Konzentrieren Sie sich nun auf Eigenschaften oder Verhaltensweisen, die Sie in anderen Menschen hassen. Achten Sie darauf, welcher Körperteil sich dabei nicht wohl fühlt.

Konzentrieren Sie sich auf diesen Teil, und atmen Sie langsam und ruhig in ihn hinein. Lassen Sie es zu, daß ein Tier aus diesem Teil hervorkommt. Bleiben Sie ruhig und entspannt. Sie befinden sich in Ihrer inneren Welt und sind in Sicherheit. Nichts kann Ihnen weh tun.

Das Tier hat große Angst und ist unter Umständen sehr wütend, weil Sie es so lange verleugnet haben. Erklären Sie ihm ganz ruhig, daß Sie es jetzt gerne kennenlernen und verstehen würden. Erklären Sie ihm auch, daß Sie es in Zukunft – ganz gleich was es auch tun mag – nicht mehr verleugnen oder ablehnen werden.

Das Tier ist voller aufgestauter Gefühle. Erlauben Sie ihm, vor Angst zu zittern oder zu brüllen, zu kreischen oder jedes andere Geräusch zu machen. Es mußte seine Gefühle so lange unterdrücken, weil es glaubte, Sie würden es hassen und es verlassen, wenn es Sie zeigt. Hören Sie aufmerksam zu, was es Ihnen zu sagen hat, ohne es auf irgendeine Weise zu unterbrechen oder das Gehörte zu beurteilen.

Wenn Sie gehört haben, was es zu sagen hat, und glauben, es verstanden zu haben, fragen Sie es, was es von Ihnen braucht. Nehmen Sie sich Zeit, und geben Sie ihm, was es braucht. Freunden Sie sich mit ihm an. Streicheln oder tätscheln Sie es liebevoll.

Lassen Sie das Tier in Ihren Körper zurückkehren, und beobachten Sie, ob sich Ihre Körperempfindung verändert hat.

Wiederholen Sie die Übung mit anderen Schattenseiten oder Eigenschaften, die Ihrer Aufmerksamkeit bedürfen. Öffnen Sie dann in der Gewißheit Ihre Augen, daß Sie den inneren Strom der Energie etwas zum Fließen gebracht haben.

Schreiben Sie auf, was Sie während dieser Übung erlebt haben.

Die Heilung unserer Beziehungen

Wenn unsere Beziehungen nicht funktionieren, müssen wir als erstes akzeptieren, daß wir den anderen Menschen nicht ändern können. Er spiegelt nur einen Teil von uns selbst wider. Wir müssen uns selbst verändern.

Um unsere Beziehungen zu heilen, müssen wir aufhören, von anderen zu erwarten, daß sie unsere Bedürfnisse erfüllen. Wir sind für unser Glück, unsere Unabhängigkeit und Sicherheit selbst verantwortlich. Sobald wir jemand anderen für irgendeinen Teil unseres Lebens verantwortlich machen, stellen wir unsere Beziehung auf eine wackelige Grundlage. Der andere Mensch wird zu unserer Krücke, und sobald uns diese genommen wird, brechen wir zusammen. Die Beziehung wird nur durch die Angst vor dem Alleinsein zusammengehalten.

Zunächst einmal müssen wir feststellen, was wir überhaupt brauchen, um ganz zu werden. Erst dann können wir uns selbst mit diesen Dingen versorgen. Wenn wir emotionale Unterstützung brauchen, können wir uns einer Gruppe anschließen, in der wir sie bekommen. Sehnen wir uns nach mehr Glück, ist es an der Zeit, das zu tun, was uns glücklich macht. Wenn in einer Beziehung zweier Menschen jeder von ihnen ganz ist, bleiben sie zusammen, weil sie es einfach genießen, zusammen zu sein.

Sobald wir uns auf das Positive eines anderen Menschen konzentrieren, werden diese Eigenschaf-

ten verstärkt. Wenn wir verliebt sind, sehen wir nur das Gute im anderen, und wenn wir jemanden hassen, konzentrieren wir uns ausschließlich auf die Eigenschaften, die wir nicht ausstehen können. Manche Menschen pendeln ständig zwischen diesen beiden Extremen hin und her. Aber das ist nicht Liebe, denn Liebe bedeutet, den anderen genau so zu akzeptieren, wie er ist.

Seien Sie sich bewußt, daß andere Menschen unsere Gedanken wahrnehmen können. Sie hören nicht nur, was wir sagen, sondern auf einer subtileren Ebene nehmen sie auch unsere Gedanken wahr und reagieren dementsprechend.

Wenn unsere Tochter sagt: »Mir wird immer schlecht, wenn ich zur Tante gehe«, versucht sie, uns etwas mitzuteilen. Vielleicht, daß sie sich abgeschoben fühlt. Vielleicht, daß sie dort herumgeschubst oder sexuell mißbraucht wird. Antworten wir einfach: »Sei nicht albern! Dir ist doch gar nicht schlecht!«, werden wir es nie herausfinden.

Sagt unser Partner: »Du hast in letzter Zeit nie Zeit für mich«, versucht auch er, uns etwas mitzuteilen. Antworten wir einfach: »Sei nicht albern! Wir unternehmen doch so viel zusammen«, fühlt er sich nicht ernst genommen. Wir werden ihn nicht verstehen können, und zwischen uns wird eine Mauer entstehen.

Die größte Heilung findet immer dann statt, wenn wir anderen Menschen wirklich zuhören. Damit meine ich, daß wir uns hinsetzen und hören sollten, was sie zu sagen haben, ohne sie zu unterbrechen oder sie zu beurteilen, und wirklich versuchen, ihre Realität zu verstehen.

Was wollen wir von anderen Menschen? Bestätigung, Akzeptanz, Vertrauen, Beständigkeit? Höchstwahrscheinlich wollen sie genau das auch von uns. Sobald wir es ihnen geben, werden sich unsere Beziehungen verbessern.

1 In welchen Bereichen sind Sie bedürftig und brauchen etwas von Ihren Eltern, Ihrem Partner, Ihren Kindern oder von anderen Menschen? Seien Sie ehrlich zu sich selbst!

2 Was müssen Sie tun, um in diesen Bereichen ganz zu werden?

3 Mit welchem Programm wollen Sie beginnen, um sich aufzubauen und über sich selbst hinauszuwachsen? Zum Beispiel: »Ich werde einen Kurs in Astrologie belegen.« Oder: »Ich werde mir eine Massage gönnen.«

4 Hören Sie heute jemandem mit voller Aufmerksamkeit zu, und schreiben Sie auf, was Sie dabei gelernt haben.

Visualisierungsübung, um Beziehungen zu heilen

Suchen Sie sich einen ruhigen Ort, an dem Sie ungestört sind. Machen Sie es sich bequem, und setzen Sie sich mit geradem Rücken auf einen Stuhl. Schließen Sie die Augen, und stellen Sie die Füße flach auf den Boden. Spüren Sie, wie sie warm werden und sich entspannen. Spüren Sie, wie Sie geerdet werden.

Legen Sie eine Hand auf Ihr Herzzentrum, und lassen Sie die Anspannung aus Ihrem Körper fließen.

Stellen Sie sich eine goldene Lichtkugel vor, die über Ihnen im Universum schwebt. Diese Kugel besteht aus reiner Liebe und Weisheit. Langsam senkt sie sich auf Sie herab, bis Sie auf Ihrem Schädeldach zur Ruhe kommt. Spüren Sie, wie sich Ihre Kopfhaut entspannt.

Nun dringt sie in Ihren Kopf ein, beruhigt Ihren Verstand und erfüllt Ihr Bewußtsein mit Liebe. Atmen Sie in Ihren Kopf hinein und hinaus.

Es ist an der Zeit,
die Mauern abzubauen.

Spüren Sie, wie die Kugel weiter hinab schwebt, bis sie unter Ihrer Handfläche ruht. Spüren Sie ihre Wärme. Lassen Sie sie in die Mitte Ihrer Brust hineingehen, direkt in Ihr Herzzentrum. Spüren Sie, wie die Kugel größer wird und Ihre Brust mit Liebe erfüllt.

Sehen Sie nun vor sich die Person, zu der die Beziehung geheilt werden soll.

Wie hoch ist die Mauer zwischen Ihnen?

Welche Farbe hat sie?

Lösen Sie die Mauer mit der goldenen Liebe aus Ihrem Herzzentrum auf.

Wenn Sie genau zuhören würden, was die Person, die Ihnen gegenübersitzt, zu sagen hat, was hätte sie wohl zu sagen? Hören Sie jetzt aufmerksam zu.

Begreifen Sie, daß die Angst dieses Menschen der Grund dafür war, daß er Sie so behandelt hat. Erkennen Sie, daß er Ihre eigene Angst widerspiegelt. Vergeben Sie ihm. Vergeben Sie dann sich selbst.

Öffnen Sie nun die Augen, und denken Sie mit mehr Liebe an diesen Menschen.

Schreiben Sie auf, was Sie während dieser Übung erlebt haben.

____

____

Verhaltensmuster erkennen

Das erste sexuelle Vorbild eines kleinen Mädchens ist ihre Mutter. Wenn sich diese in ihrer Weiblichkeit wohl fühlt, spürt das kleine Mädchen dies unbewußt und lernt, daß es sicher ist, Frau zu sein.

Und der erste Mensch, von dem es lernt, wie sich das andere Geschlecht bezüglich seiner Sexualität fühlt, ist sein Vater. Daher ist es für seinen zukünftigen Umgang mit Männern entscheidend, wie er sich ihr gegenüber verhält.

Das Gesagte trifft natürlich auch auf einen Jungen zu. Für ihn prägt die Mutter sein zukünftiges Verhalten gegenüber dem anderen Geschlecht. Wenn sie seinen Vater und gleichzeitig ihren Sohn liebt und im Umgang mit Männern generell entspannt ist, wächst er zu einem Mann heran, der sich im Umgang mit Frauen wohl fühlt.

Ist die Mutter aber wütend auf ihren Vater, weil er nicht für sie da war, wird auch ihre Tochter diesem Muster mit einiger Sicherheit folgen und einen Mann anziehen, auf den sie wütend sein kann. Wenn sie dann einsam und unzufrieden ist, sich langweilt und sich häßlich findet, wird sie ein typisches Verhaltensmuster entwickeln. Sie wird nämlich in ihren Beziehungen keine Nähe zulassen und wütend auf Männer sein. Und diese werden ihr zeigen, daß sie sie häßlich finden.

Der Sohn einer zornigen Mutter bekommt das Gefühl, daß Männer böse sind, und schließt daraus, daß auch er böse sein muß. Er kann es seiner Mutter niemals recht machen, weil sie wütend auf

Männer ist, und so fängt er an zu glauben, daß er Frauen nicht glücklich machen kann. Er befindet sich auf dem besten Weg, unbefriedigende Beziehungen zu Frauen aufzubauen.
Wir erschaffen Verhaltensmuster aufgrund unseres Glaubenssystems und wiederholen sie endlos. Das geschieht natürlich völlig unbewußt. Unsere Muster sind wie Magneten, die die Menschen anziehen, die perfekt in unsere Vorstellungen passen.
Ein Beispiel: Ein Mann wurde ständig von seinem Vater kritisiert. So gelangte er zu der Überzeugung, daß er wohl böse sein müßte, da sein Vater diese Dinge sonst nicht gesagt hätte, und daß er es verdient hatte, bestraft zu werden. Also zog er Partnerinnen an, die dazu neigten, ihn zu bestrafen, und gestattete ihnen, ihn zu mißbrauchen. Sein Muster beinhaltete, in Beziehungen unterdrückt und mißbraucht zu werden.
Der kleine Junge, dessen Mutter keine Zeit für ihn hat, glaubt irgendwann, daß alle Frauen keine Zeit für ihn haben werden. Als Erwachsener zieht er daher Frauen an, die kein echtes Interesse an ihm haben. Hat eine Frau aber doch Zeit für ihn, verhält er sich seinem Muster gemäß und schiebt sie von sich, bis sie anfängt, sich für jemand anderen zu interessieren.

Das Mädchen, dessen Vater sie verließ, als sie klein war, glaubt, daß es nicht sicher ist, Männer zu lieben. »Wenn ich jemanden liebe, verläßt er mich ja doch!« Dies wird ihr Verhaltensmuster, und sie wird Männer anziehen, deren Muster darin besteht, wegzulaufen. Oder aber sie zieht einen liebevollen Mann an und klammert sich so eng an ihn, daß er erstickt und dann geht. Und dann kann sie wieder jammern: »Wenn ich jemanden liebe, verläßt er mich ja doch!«

1 Welche Botschaften haben Sie als Kind erhalten, wie man Sie behandeln sollte?

2 Wie verhalten Sie sich, daß sich andere Menschen erlauben, Sie auf diese Weise zu behandeln?

____

____

3 Welche Botschaften haben Sie als Kind erhalten, wie das andere Geschlecht behandelt werden sollte?

____

____

4 Wie verhalten Sie sich dem anderen Geschlecht gegenüber?

____

____

Die Heilung unserer Verhaltensmuster

Um unsere Verhaltensmuster zu heilen, müssen wir immer die Beziehung zu unseren inneren Eltern heilen. Solange wir dies nicht tun, werden wir immer Partner oder Menschen im allgemeinen anziehen, die dieselben Eigenschaften wie unsere Eltern hatten oder in deren Gegenwart wir uns ähnlich fühlen.

Was wir nicht tun können, ist, unseren Mustern Widerstand entgegenzusetzen. Je mehr wir sie bekämpfen, desto mehr konzentrieren wir uns auf sie, da wir ständig das Bild dessen, gegen das wir uns wehren, vor unserem inneren Auge wachrufen. Und wie wir wissen, besteht ja die Aufgabe des Unbewußten gerade darin, das Wirklichkeit werden zu lassen, was wir uns vorstellen.

Um unsere Muster zu heilen, müssen wir uns vorstellen, was wir von anderen Menschen bekommen möchten. Dann müssen wir uns vorstellen, wie es ist, das zu bekommen, was wir möchten. Und das kann überraschend schwer sein. Wenn wir es niemals zugelassen haben, daß wir aufgebaut werden, kann es eine schlichte Überforderung sein, uns genau das vorzustellen und zu erhalten.

Wenn wir glauben, daß ein Elternteil ganz wunderbar und der andere furchtbar war, erschaffen wir uns ein sehr schwieriges Muster, da es so etwas wie einen guten und einen schlechten Elternteil nicht gibt. Beide Eltern haben nämlich auf Grund ihrer eigenen Muster zusammengearbeitet, um die-

sen Eindruck hervorzurufen. Daher müssen wir erkennen, welche Rolle beide dabei gespielt haben. Indem wir sie beide akzeptieren und beiden vergeben, kommen wir ins Gleichgewicht und können beginnen, einige unserer Verhaltensmuster zu heilen.

Sobald wir unsere Muster erkannt haben, brauchen wir die Hilfe von Affirmationen, um unser Glaubenssystem zu verändern. Sobald sich die oberflächlichen Dinge anfangen zu ändern, können wir in einen neuen Zyklus tieferen Wandels eintreten.

Wenn wir dabei aber nicht tief genug kommen, müssen wir die eigentliche Ursache unseres Problems finden. Diese stammt zwar meistens aus einem anderen Leben, aber es reicht häufig aus, etwas aus unserer Kindheit zu heilen. Das ähnelt dem Reinigen eines verstopften Abflusses. Ist er sauber, kann das Wasser kräftig genug fließen, um auch den Rest der Leitung durchzuspülen. Gelingt das aber nicht, müssen wir Wunden aus einem oder mehreren anderen Leben heilen. Das wird zu tiefgreifenden Veränderungen führen, die es uns erlauben, uns endlich als so liebevoll und liebenswert zu fühlen, daß sich unsere negativen Muster auflösen.

Manchmal müssen wir tief verborgene Emotionen anerkennen und ausdrücken, um etwas zu heilen. Es ist hilfreich, dies im Rahmen einer Therapie oder eines Workshops zu tun.

Wenn wir ein Muster haben, demzufolge wir immer versagen, sollten wir uns auf Erfolg konzentrieren und entsprechende Affirmationen üben. Wir stellen uns Erfolg vor und fühlen das vorgestellte Gefühl des Erfolgs. Dann fangen wir an, uns so zu verhalten, als wären wir erfolgreich.

Als nächstes machen wir eine Visualisierungsübung, um das innere Kind zu finden, das glaubt, es sei ein Versager, und beginnen so den Heilungsprozeß. Danach machen wir eine Visualisierungsübung, um in ein vergangenes Leben zurückzugehen und dort die Quelle unserer Überzeugungen anzuschauen und sie zu verändern.

Unsere Essenz ist Liebe. Finden wir diese Essenz, heilen wir unsere Muster.

1 Welches sind Ihre Glaubensmuster? Zum Beispiel: »Männer unterstützen mich nie!« – »Ich gehe immer als Erster!« – »Ich habe immer einen Ehemann *und* einen Geliebten!« – »Frauen sind nur hinter meinem Geld her!« – »Die Männer wollen immer nur das eine!« – »Niemand versteht mich!« – »Niemand hört mir zu!«

____

____

2 Was möchten Sie statt dessen anziehen oder erschaffen?

____

____

3 Schreiben Sie die entsprechenden Affirmationen bis zu tausendmal am Tag auf, um gesündere Muster zu etablieren.

____

____

Visualisierungsübung, um unsere Muster zu heilen

Suchen Sie sich einen ruhigen, friedlichen Ort. Sorgen Sie dafür, daß Sie für die Zeit dieser Übung ungestört sind. Setzen Sie sich mit geradem Rücken und den Füßen flach auf dem Boden bequem auf einen Stuhl.

Stellen Sie sich vor, daß Sie über eine wunderschöne Wiese gehen. Fühlen Sie das weiche grüne Gras unter Ihren nackten Füßen. Lassen Sie sich Zeit, diese Empfindungen wirklich zu spüren.

Hören Sie dem Gesang der Vögel, dem Rauschen des Baches und dem leisen Rascheln der Blätter in der warmen Luft zu. Entspannen Sie sich durch das innere Szenario einer von der Sonne beschienenen Wiese, und nehmen Sie den Geruch eines warmen Sommertages wahr.

Denken Sie an Ihre unnützen Verhaltensweisen oder an bestimmte Situationen, in die Sie immer wieder geraten, und achten Sie dabei auf Ihre Körperempfindungen. An welchen Stellen ist Ihr Körper verspannt? Wie fühlt sich das an?

Gehen Sie in der Zeit zurück, und rufen Sie sich ins Gedächtnis, wie alt Sie waren, als Sie dieses

Gefühl zum ersten Mal hatten. Wie alt fühlen Sie sich innerlich? Wo sind Sie? Was geschieht um Sie herum?

Bringen Sie nun Ihre Eltern in diese Szene, und sorgen Sie dafür, daß sie Ihnen geben, was Sie brauchen, um wirklich ganz zu werden. Ist das nicht möglich, weil Ihre Eltern abwesend oder selbst zu geschädigt waren, bringen Sie Ihre weisen inneren Eltern in die Szene, und lassen Sie Ihr inneres Kind von ihnen heilen.

Lassen Sie sich Zeit, und stellen Sie sich vor, daß Sie sich wohl fühlen und sich entsprechend verhalten. Sie wissen, daß Sie in Ordnung sind und daß Sie ausreichend geliebt und unterstützt werden. Konzentrieren Sie sich auf dieses schöne Gefühl.

Es ist nun an der Zeit, Ihre Muster auf einer tieferen Ebene aufzulösen. Stellen Sie sich ein goldenes Licht vor, das Ihr Kronenzentrum auf dem Schädeldach mit Ihrem Höheren Selbst und der Quelle Ihres Seins – dem Göttlichen – verbindet. Fragen Sie, was in einem vergangenen Leben geschehen ist, daß Sie ein Glaubenssystem geformt haben, aus dem dieses Muster entstanden ist.

Entspannen Sie sich. Lassen Sie Bilder, Gedanken und Einsichten entstehen. Spüren Sie wieder, wie Sie sich damals vor so langer Zeit gefühlt haben. Welche Gedanken und Überzeugungen hatten Sie damals? Wenn Sie etwas getan haben, das Ihnen leid tut, ist es nun an der Zeit, das zu vergeben, was damals geschah. Versuchen Sie zu verstehen, und vergeben Sie allen, die Ihnen weh getan haben – auch sich selbst. Erfüllen Sie Ihr inneres Szenario mit goldenem Licht, und lassen Sie es dann verblassen.

Erfüllen Sie jetzt sich selbst mit diesem wunderbaren goldenen Gefühl. Stellen Sie sich ein positives, liebevolles Muster vor, und genießen Sie dieses Gefühl. Konzentrieren Sie sich auf die schönen Dinge, die Sie nun anziehen können.

Nehmen Sie sich so viel Zeit, wie Sie wollen, um die Szenen und Gefühle zu genießen. Wenn Sie bereit sind, öffnen Sie wieder die Augen.

Schreiben Sie auf, was Sie während dieser Übung erlebt haben.

____

____

____

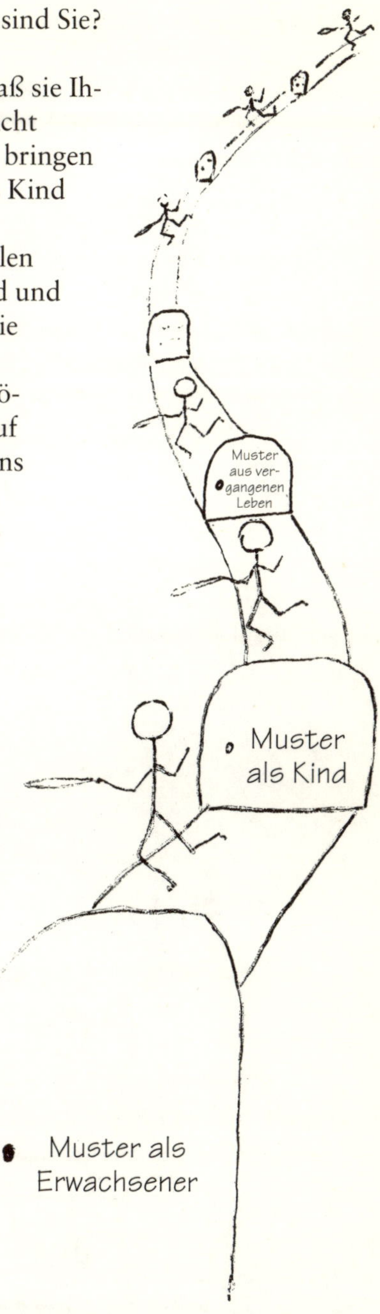

Es ist Zeit, etwas zu ändern.

Abnabeln

Sobald wir an jemanden denken, senden wir einen Energieimpuls aus. Ein oberflächlicher Gedanke wird sich schnell wieder auflösen, aber wenn über längere Zeit intensive Gedanken aussenden, entsteht eine Verbindung, die uns an den betreffenden Menschen bindet. Durch diese »Schnur« fließt Energie. Wir können sie uns auf vielerlei Weise vorstellen, als Stahlseil, Tau oder Stacheldrahtrolle. Solange sie besteht, sind wir nicht frei, wir selbst zu sein.

Die stärkste Bindung besteht zu unseren Eltern. Wenn sie in der Pubertät nicht ganz natürlich gelöst wird, bleiben wir auf negative Weise mit Vater und Mutter verbunden und können emotional nicht frei sein, um neue Beziehungen einzugehen.

Der Gedankenaustausch zwischen Partnern ist oft voller Probleme, und viele Paare berichten, daß sich ihre Beziehungen verbessert haben, nachdem die negativen Schnüre durchtrennt wurden. Auch eine Trennung oder Scheidung wird leichter fallen, wenn das, was die Partner auf diese Art miteinander verbunden hat, entfernt wird. Für das spirituelle Wachstum eines Menschen ist es nicht förderlich, auf negative Weise an jemanden gebunden zu sein.

Die Schnüre können von hellsichtigen Menschen wahrgenommen werden, aber auch wir können sie uns in den verschiedensten Formen vorstellen.

Normalerweise bitte ich meine Klienten, sich vorzustellen, daß sie in einem Kreis sitzen. Dann sollen sie visualisieren, daß der Mensch, von dem sie sich abnabeln möchten, vor ihnen in einem anderen Kreis sitzt. Ist das geschehen, stellen sie sich ein Licht vor, das die beiden Kreislinien, wie in der Figur der Acht, durchströmt. So erhält ihr Unterbewußtsein die Botschaft, daß sie sich von die-

sem Menschen lösen möchten. Es ist wichtig, diese Übung vor dem eigentlichen Abnabeln ein oder zwei Wochen lang täglich auszuführen.

Durch die Schnur fließt Energie in den Körper des anderen Menschen. Diese Energie ist unsere Macht, unsere Lebenskraft, der wir es gestattet haben, zu jemand anderem zu fließen. Aber die falsche Energie im Körper ist wie das falsche Blut im Körper! Daher ist es nun an der Zeit, unsere Energie zurückzuholen. Das wird erreicht, indem wir uns vorstellen, daß Magnete unsere Energie zurück in den eigenen Körper ziehen. Viele Menschen können dies als physische Empfindung wahrnehmen.

Manche Menschen haben nach einer Abnabelung das Gefühl, etwas verloren zu haben. Das mag zwar unangenehm sein, zeigt aber, wie notwendig es war.

Wenn wir uns von der Anhaftung an Menschen oder Dinge gelöst haben, sind wir frei, uns an ihnen zu erfreuen, ohne sie besitzen zu müssen. Das ist sehr befreiend!

1 Die Eintrittsstelle der Schnur im Körper weist auf folgende emotionale Anhaftungen hin:
Wurzelzentrum: Ich brauche dich, um zu überleben.
Sakralzentrum: Ich will dich emotional oder sexuell.
Solarplexus: Ich brauche deine Kraft.
Herz: Ich möchte, daß du mich liebst.
Kehle: Ich möchte mich mitteilen (traue mich aber nicht).
Drittes Auge: Ich beobachte dich auf medialer Ebene.
Kronenzentrum: Tu, was ich dir sage. Du gehörst mir!
Hände: Ich manipuliere dich.
Füße: Ich ziehe dir den Boden unter den Füßen weg.
Spüren Sie, an welchen Stellen Sie mit anderen Menschen verbunden sind, und schreiben Sie hier Ihre Empfindungen auf.

____

____

____

2 Stellen Sie eine Liste der Menschen zusammen, von denen Sie sich lösen wollen.

____

____

____

3 Stellen Sie eine Liste der Dinge zusammen, an denen Sie hängen. (Sie erkennen, daß Sie an etwas hängen, wenn Sie glauben, Ihr Glück hänge davon ab, daß Sie es besitzen.)

Visualisierungsübung, um sich abzunabeln

Suchen Sie sich einen ruhigen Ort, und sorgen Sie dafür, daß man Sie nicht stört. Schließen Sie die Augen, und entspannen Sie sich.

Stellen Sie sich vor, Sie sitzen in einem Kreis und sehen vor sich einen zweiten, leeren Kreis. Laden Sie den Menschen, von dem Sie sich abnabeln möchten, ein, sich in den zweiten Kreis zu setzen. Sie

können es aber auch vertrauensvoll Ihrem Unterbewußtsein überlassen, den richtigen kommen zu lassen.

Erklären Sie dem anderen, daß Sie nun Sie beide emotional befreien werden. Lassen Sie einen Augenblick lang Licht in einer Acht um Sie beide herumfließen.

Stellen Sie sich einen Magneten vor, der auf Ihre Energie gepolt ist, und halten Sie ihn vor Ihrem Solarplexus auf den anderen Menschen gerichtet. Spüren Sie, wie Ihre Energie zu Ihnen zurückfließt. Wenn Sie damit fertig sind, kann Ihr Partner einen Magneten nehmen, der nur auf seine Energie gepolt ist, und seine Energie von Ihnen abziehen. Legen Sie dann die Magnete beiseite.

Sehen Sie vor Ihrem geistigen Auge die Schnüre, die Sie miteinander verbinden. Strecken Sie Ihre Hände aus, und fühlen Sie Stärke und Beschaffenheit der Schnüre.

Schneiden Sie sie mit einer goldenen Schere durch (oder wenn nötig mit etwas Größerem – wie einer Säge). Ziehen Sie die Schnüre behutsam aus dem Körper des anderen, und werfen Sie sie in ein Freudenfeuer, um sie zu verbrennen.

Nehmen Sie sich Zeit, um die entstandenen Wunden zu säubern und zu heilen. Versiegeln Sie sie dann mit einem Kreuz in einem Kreis.

Danken Sie dem Menschen, von dem Sie sich abgenabelt haben, dafür, daß er Sie das gelehrt hat, was Sie von ihm zu lernen hatten. Vergeben Sie ihm dafür, daß er nicht vollkommen ist, und vergeben Sie auch sich selbst.

Es ist nun an der Zeit, sich zu trennen. Winken Sie zum Abschied, während er sich aus Ihrem inneren Szenario zurückzieht und Sie emotional befreit zurückläßt.

Ziehen Sie nun vor Ihrem geistigen Auge Ihre Kleider aus, die alte negative Angewohnheiten repräsentieren, und werfen Sie diese in das Freudenfeuer. Gehen Sie baden, und reinigen und läutern Sie sich im Wasser. Treten Sie dann in den Sonnenschein hinaus, und drücken Sie Ihre neugewonnene Freiheit aus, indem Sie tanzen, herumspringen oder tun, was immer Sie wollen.

Bei Ihrer Rückkehr werden Sie neue Kleider entdecken, die Ihr neues Selbst repräsentieren. Ziehen Sie sie an, und erleben Sie, wie verändert Sie sich darin fühlen. Beschreiten Sie Ihren neuen Weg glücklich und frei.

Schreiben Sie hier auf, was Sie während dieser Übung erlebt haben.

Verwandeln Sie Ihre Gefühle

Schuldgefühle

Schuldgefühle sind die zerstörerischsten aller Emotionen, da sie immer dann entstehen, wenn wir unseren Groll verinnerlichen und keine Verantwortung dafür übernehmen.

Die kontrollierenden Stimmen unserer inneren Eltern sagen uns, was wir tun und lassen sollen. Gehorchen wir ihnen nicht, sorgt der innere Opportunist dafür, daß wir uns schuldig fühlen. Gleichzeitig ist der Rebell in uns aber wütend, daß man von ihm erwartet, etwas zu tun, was er nicht tun will. So manövrieren wir uns in eine ausweglose Situation und bestrafen uns dafür, daß wir wütend sind.

Wenn wir uns schuldig fühlen, ziehen wir Bestrafung an. Diese kann die Form eines Unfalls, einer Krankheit oder einer anderen schlimmen Sache annehmen, die uns emotionalen oder körperlichen Schmerz bereitet.

Schuldgefühle werden wie jede andere Angst auch durch Verständnis, Liebe und Vergebung aufgelöst.

Alles, was wir im Leben tun, sei es gut oder schlecht, tun wir letzten Endes, um zu verstehen, daß wir liebende Wesen sind. Natürlich tun wir uns selbst und anderen im Laufe dieses Prozesses Dinge an, die weh tun und verletzen.

Das ist nicht anders als bei einem Kind, das laufen lernt und hinfällt. Es ist nicht schlimm hinzufallen, es ist einfach Teil des Prozesses. Würde das Kind immer daran denken, wie furchtbar es ist hinzufallen, und sich an den Schmerz erinnern, würde es nie laufen lernen. Deshalb konzentriert es sich automatisch auf sein Ziel, laufen zu lernen.

Wir haben die Wahl. Wir können sagen: »Ich bin ein schlechter Mensch, weil ich dies und das tue, und ich werde mich immer daran erinnern, falls ich es wieder tue. Ich bestrafe und quäle mich selbst, um nie zu vergessen, daß ich schlecht bin.« Das ähnelt der Einstellung eines Kindes, das nicht laufen lernen will, weil es einmal hingefallen ist.

Wir können aber auch sagen: »Ich habe getan, was ich getan habe, weil ich damals etwas Bestimmtes lernen mußte. Indem ich es tue (selbst wenn ich es schon fünfzigmal gemacht habe und es auch heute noch ab und zu tue), lerne ich, daß es mir dabei nicht gutgeht. Also ändere ich mein Verhalten oder meine Einstellung. Ich vergebe mir selbst und gehe weiter auf meinem Weg, ein Lichtwesen zu werden.« Das heißt, Verantwortung für die eigenen Handlungen zu übernehmen.

Es gibt eine irreführende religiöse Auffassung, der zufolge wir alle Sünder sind und leiden müssen. Das ist keine liebevolle Lehre. Liebe lehrt Freude und Vergebung und ermutigt uns voranzuschreiten. Von seinem eigentlichen Ursprung her bedeutet das Verb »sündigen« lediglich, »ein Ziel anvisieren und es verfehlen«. Liebe lehrt uns, zum Licht zu streben und es immer wieder zu versuchen, auch wenn es uns nicht gleich gelingt.

Weil wir glauben, daß wir schlecht und schuldig sind, bestrafen wir uns selbst und leiden, weil wir nach Liebe streben und sie nicht ganz erreichen.

Unser spirituelles Selbst ist ein Wesen der Liebe. Unser menschliches Selbst lernt immer noch. Unsere Aufgabe besteht darin, die beiden miteinander zu verbinden.

1 Stellen Sie eine Liste der Dinge zusammen, die in Ihnen Schuldgefühle hervorrufen.
Zum Beispiel: »Ich fühle mich schuldig, weil ich außerehelichen Sex habe.« Oder: »Ich fühle mich schuldig, weil ich vor zehn Jahren einen Bleistift gestohlen habe.«

2 Wessen Stimme sagt Ihnen, daß Sie schlecht sind? Was genau sagt sie, und was droht sie Ihnen an?

3 Schreiben Sie hier Ihre Reaktion auf die innere Stimme auf. Drücken Sie Ihre Wut aus; fordern Sie Ihre Freiheit; bestehen Sie darauf, daß Sie tun können, was Sie wollen – und wenn nötig, vergeben Sie sich selbst.

____

____

Eifersucht

Wer eifersüchtig ist, geht davon aus, daß es nur eine begrenzte Menge Liebe gibt. Aber wenn wir unser Herz geöffnet haben, stellen wir fest, daß genug Liebe für alle vorhanden ist. Und je mehr wir unser Herz öffnen, desto mehr Liebe kann hindurchfließen.

Wenn wir eifersüchtig sind, haben wir Angst, daß wir eigentlich nicht liebenswert genug sind, daß für uns keine Liebe mehr da ist oder daß andere Menschen irgendwie mehr Liebe bekommen als wir. Also verschließen wir unser Herzzentrum und machen den Mangel an Liebe zu unserer persönlichen Realität.

Wenn wir unser Herzzentrum durch Eifersucht verschlossen haben, müssen wir von innen heraus daran arbeiten und unser Selbstvertrauen und Selbstwertgefühl stärken und eigene Interessen entwickeln.

Solange wir eifersüchtig sind, haben wir auch Angst, verlassen zu werden. Wenn wir selbst uns schon als nicht liebenswert empfinden, wer sollte dann bei uns bleiben wollen? Und immer wenn wir Angst haben, abgelehnt oder verlassen zu werden, versuchen wir, andere Menschen auf emotionale oder finanzielle Weise von uns abhängig zu machen.

Sobald wir merken, daß wir versuchen, andere auf geistiger, emotionaler oder finanzieller Ebene zu kontrollieren, ist es an der Zeit, loszulassen und uns von diesen Menschen abzunabeln. Wenn wir jemanden wirklich lieben, geben wir ihn frei. Dann bleibt er, weil er es möchte, und nicht, weil er Angst hat zu gehen. Je mehr Platz wir in unserem Herzen schaffen, desto mehr Liebe strömt durch es hindurch und desto mehr Menschen kommen in unser Leben.

Sexuelle Eifersucht deutet darauf hin, daß wir kein Vertrauen in uns selbst als sexuelle Wesen haben. Wird der Partner untreu, wird dies gleich als Beleidigung unseres ganzen Wesens aufgefaßt. Weil wir uns unserer Männlichkeit oder Weiblichkeit nicht sicher sind, unterminieren wir unsere eigene Kraft. Sind wir uns unserer Männlichkeit oder Weiblichkeit aber vollkommen sicher, können wir anderen die Freiheit schenken, damit sie sich selbst entscheiden können, ob sie treu sein möchten oder nicht. Und wenn uns ein Partner dann untreu wird, wissen wir zumindest, daß es sein Problem ist, und lassen uns dadurch unser gutes Verhältnis zu unserer eigenen Sexualität nicht kaputtmachen.

Menschen, die besonders besitzergreifend sind, klammern sich verzweifelt fest, weil sie Angst haben, die Liebe zu verlieren. Auch in diesem Fall wird das Herzzentrum verschlossen, weil sie glauben, Liebe sei begrenzt. So klammern sie sich an dem fest, was sie haben.

Auch Gier beruht auf der Vorstellung, daß es nicht genug gibt. Deshalb müssen wir alles an uns raffen, solange wir können. Normalerweise ersetzen wir in diesem Fall Liebe durch materielle Besitztümer. Auch hier müssen wir loslassen und uns öffnen, damit mehr von der universellen Energie durch uns hindurchfließen kann.

Neidisch zu sein bedeutet, das haben zu wollen, was ein anderer hat – ganz gleich, ob es dabei um Talente, Eigenschaften, Besitztümer oder Liebe geht. Wenn wir uns öffnen und dankbar für das sind, was wir haben, fließt mehr und mehr Schönes durch uns hindurch. Wir werden zu Magneten, die kostbare Dinge anziehen.

Wenn wir uns in Harmonie mit uns selbst und dem Leben befinden, locken wir herrliche Dinge an. Glück, Reichtum auf allen Ebenen und gute Beziehungen werden automatisch von der harmonischen Energie angezogen, die wir ausstrahlen.

1 Weshalb sind Sie eifersüchtig oder neidisch? Wen oder was möchten Sie besitzen?

2 Finden Sie die Ihrem Verhalten zugrundeliegende Angst heraus. Formulieren Sie dann eine Affirmation, um die Angst aufzulösen.

Angst:	Affirmation:
______________________	______________________
______________________	______________________
______________________	______________________

3 Zeichnen Sie hier Ihr offenes und empfangendes Herz.

Visualisierungsübung, um sich von Schuldgefühlen zu befreien

Suchen Sie sich einen ruhigen Ort, an dem Sie so lange allein sein können, wie Sie möchten. Um Ihre Schwingung zu erhöhen und die des Ortes zu reinigen, können Sie ein Räucherstäbchen entzünden.

Schließen Sie die Augen. Konzentrieren Sie sich auf den Wohlgeruch, und spüren Sie, wie Sie sich entspannen. Lassen Sie dem Körper Zeit, zur Ruhe zu kommen.

Denken Sie an etwas, das in Ihnen Schuldgefühle hervorruft. Konzentrieren Sie sich auf Ihren Solarplexus, und atmen Sie in diese Stelle hinein.

Lassen Sie ein Tier, das Ihre Schuldgefühle repräsentiert, aus dem Solarplexus springen. Schauen Sie sich das Tier und sein Verhalten genau an. Vielleicht sieht es verschlagen aus; vielleicht versucht es, sich zu verstecken oder besonders mutig aufzutreten. Beobachten Sie es einfach.

Während Sie dem Tier zuschauen, versuchen Sie auch seine Gefühle wahrzunehmen. Spüren Sie seine Ängste und Bedürfnisse. Fordern Sie es auf, mit Ihnen zu reden, und hören Sie voller Verständnis zu. Lassen Sie es alles sagen, was es sagen möchte. Vielleicht muß es eine Menge Groll, Schmerz oder negative Gefühle ausdrücken. Vielleicht hat es auch furchtbare Angst.

Hat das Tier zu Ende gesprochen, versichern Sie ihm, daß Sie es nicht verurteilen und daß Sie ihm ein treuer Freund sein werden. Versprechen Sie ihm, daß Sie es nie wieder bestrafen werden.

Überlegen Sie sich, auf welche Weise das Tier wieder stolz auf sich selbst sein könnte.
Dann können Sie beide eine Weile miteinander spielen.
Lassen Sie das Tier anschließend wieder in den Solarplexus zurückkehren, und spüren Sie, daß Sie jetzt viel glücklicher und entspannter sind.
Öffnen Sie nun die Augen.

Schreiben Sie hier auf, was Sie während dieser Übung erlebt haben.

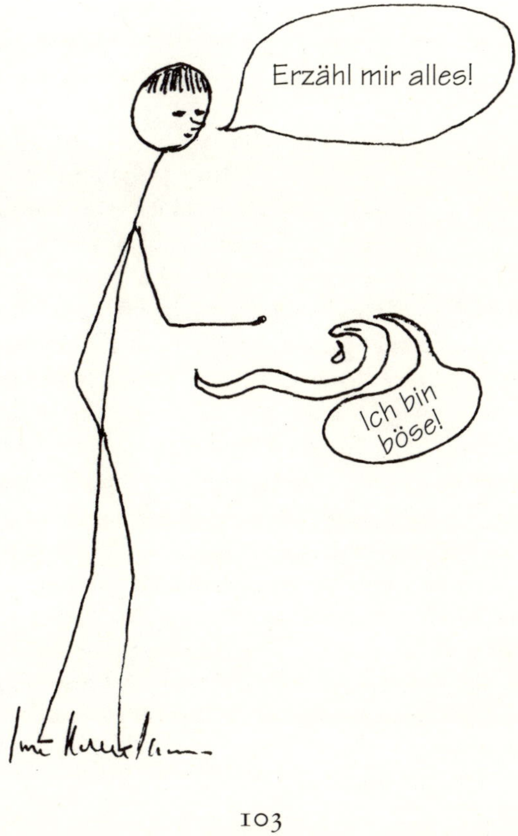

Visualisierungsübung, um Eifersucht aufzulösen

Herzlich willkommen!

Suchen Sie sich einen Ort, an dem Sie sich wohl fühlen, sich entspannen können und nicht gestört werden. Erhöhen Sie die Schwingung dieses Ortes, indem Sie ihn sauber machen und aufräumen. Stellen Sie Blumen, Kerzen und spirituelle Bücher hinein.

Immer wenn Sie auf jemanden eifersüchtig sind, verschließen Sie Ihr Herz, weil Sie glauben, daß die/der andere auf irgendeine wichtige Weise besser ist als Sie. Sie glauben auch, daß Sie deshalb weniger wert sind und abgelehnt werden.

Die Zeit ist nun gekommen, diese Einstellung zu ändern, damit Sie tief in Ihrem Innern wissen können, daß Sie auf jeder Ebene akzeptabel sind. Da wahre Schönheit von innen kommt, beginnt dieser Prozeß mit dem schöpferischen Geist in uns.

Schließen Sie die Augen. Auf wen sind Sie eifersüchtig? Lassen Sie sich Zeit, sich zu überlegen, warum Sie daran glauben, daß jemand besser ist als Sie.

Nun stellen Sie sich vor, daß Sie in diesen Bereichen perfekt sind. Das heißt: Sie haben einen vollkommenen Körper, ein wunderschönes Gesicht, einen wunderbaren Humor, eine starke persönliche Ausstrahlung oder jede andere Eigenschaft, die Sie sich wünschen. Stellen Sie sich glückliche Szenen vor, in denen dieses neue Selbst auftaucht. Spüren Sie, wie es Ihnen dabei geht. Genießen Sie es! Denken Sie dann an all die Dinge, deretwegen Sie auf andere Menschen neidisch sind, und stellen Sie sich vor, daß Sie sie in gleichem Maß besitzen.

Erschaffen Sie geistige Szenen, in denen Sie all diese Eigenschaften haben. Genießen Sie sie. Fühlen Sie sie. Erleben Sie alles, als ob es wahr wäre. Sie fangen jetzt an, sich das zu erschaffen, was Sie sich wünschen. Sehen Sie vor Ihrem geistigen Auge, wie Sie alles bekommen, was Sie möchten.

Fühlen Sie sich in jeder Weise begabt, liebenswert, schön und vollkommen. Sehen Sie, wie Sie dank Ihrer neuen Eigenschaften um sich herum Glück und Liebe verbreiten.

Lassen Sie das vollkommene Selbst bestimmte schwierige Beziehungen oder Situationen noch einmal erleben, und nehmen Sie sie nun auf andere Weise wahr. Erkennen Sie, wie sehr die Menschen Ihr neues Selbst lieben. Spüren Sie, wie sie anders auf diesen Teil Ihres Selbst reagieren.

Spüren Sie, wie sich Ihr Herz öffnet und voller Liebe ist. Die Tür Ihres Herzens steht nun weit offen und lädt alle ein. Sie lieben alle.

Schreiben Sie auf oder zeichnen Sie, was Sie während dieser Übung erlebt haben.

Wut

Unsere Lebenskraft, die Kundalini-Energie, ist von knallroter Farbe. Diese Energie beschützt uns und schenkt uns Vitalität. Wenn sie ungehindert fließt, stellt sie eine mächtige Kraft dar, die uns in die Lage versetzt, Menschen in Not zu helfen.

Erst wenn die rote Energie mit Angst vermischt wird, entsteht ein Problem, weil wir dann versuchen, sie zu verbergen. Angst ist schwarz, Unterdrückung braun. Wird rot mit schwarz oder braun vermischt, entsteht ein schmutziges Rot. Unsere Wut bleibt stecken, und dieser dunkle Fleck in uns zieht schwierige Menschen und Situationen an.

Eine ungeheure Menge Energie ist nötig, um verdrängte Wut dauerhaft zu unterdrücken. Dies ist einer der häufigsten Gründe für Müdigkeit und Erschöpfung. Immer wenn wir ein Gefühl unterdrücken, fühlen wir uns machtlos und fürchten, die Liebe und Anerkennung, die wir brauchen, nicht zu bekommen. Und nur wenn wir uns machtlos fühlen, setzen wir unsere Wut ein, um uns durchzusetzen. Motto: »Wenn du das nicht tust, werde ich böse!«

Aber Wut, die auf diese Weise eingesetzt wird, ist auch ein Schrei nach Hilfe. Dieses Verhalten zeigt uns, daß in unserem Leben etwas nicht in Ordnung ist.

Im folgenden zeige ich auf, wie wir mit Wut umgehen können. Zunächst einmal müssen wir die Angst verstehen, die der Wut zugrunde liegt. So kann Wut zum Beispiel der Angst vor Ablehnung entstammen oder der Angst, nicht gut genug zu sein oder nicht verstanden zu werden.

Dann müssen wir Ruhe bewahren. Weinen wir, geben wir unsere Macht auf. Auch wenn wir schreien und toben, geben wir sie auf. Um ehrlich mit der Situation umgehen zu können, müssen wir in diesem Fall einen kühlen Kopf bewahren.

Wir sollten uns hüten, anderen Menschen die Schuld zu geben. Schließlich haben wir sie angezogen, um von ihnen zu lernen. Sobald wir einem anderen die Schuld an etwas geben, fängt er an, sich zu verteidigen, und wir erreichen gar nichts. Verteidigt sich die andere Person, haben wir versucht, ihr auf irgendeine Weise die Schuld in die Schuhe zu schieben. Vielleicht nur in Gedanken, vielleicht durch den Klang unserer Stimme, durch unsere Körpersprache oder unsere unausgesprochene Einstellung. Wenn wir uns sehr lange an unsere Wut geklammert haben, ist es allzu leicht, ein bißchen davon zu behalten und jemand anderem die Schuld daran zu geben.

Wir müssen unsere Gefühle nicht rechtfertigen. Unsere Gefühle sind nichts weiter als – unsere Gefühle. Wenn wir glauben, uns rechtfertigen zu müssen, geben wir unsere Macht auf.

Wenn wir offen bleiben und dem anderen Menschen erklären, daß wir uns selbst heilen möchten, geschieht ein Wunder. Schließlich ist er ja nur ich selbst in einem anderen Körper, und seine Angst ist die Widerspiegelung meiner eigenen Angst. Solange unsere Herzen nicht ganz offen sind, werden wir diese Übung mehrmals wiederholen müssen. Jedes Mal, wenn wir unser Herz öffnen und unsere Gefühle mitteilen, erlangen wir ein Stück unserer Macht zurück. Dann werden unsere Beziehungen heilen, und unsere Wut wird sich auflösen.

1 Wer oder was macht Sie wütend?

____

____

Anmerkung: Wenn wir meinen, wir seien stellvertretend für jemand anderen wütend, identifizieren wir uns mit dem Opfer. Das Opfer ist aber ein Aspekt unseres Selbst, den wir nach außen projiziert haben. Da wir auf diese Weise oft versuchen, uns vor der Verantwortung für uns selbst zu drücken, versucht das Universum uns damit darauf aufmerksam zu machen. Deshalb sollten wir uns in einer solchen Situation fragen: »Mit welchem Teil von mir ist das Opfer verbunden?«

2 Schreiben Sie mit offenem Herzen, ohne Schuldzuweisung oder Rechtfertigungsversuche, einen Brief an den Menschen, auf den Sie wütend sind, und erklären Sie ihm, wie Sie sich fühlen. (Sie müssen diesen Brief nicht unbedingt abschicken!)

____

____

3 Legen Sie ein Kissen auf einen Stuhl, und stellen Sie sich vor, es wäre die Person, auf die Sie wütend sind. Üben Sie, mit dieser Person über Ihre Gefühle zu sprechen. Auch dieses Mal ohne Schuldzuweisung oder Rechtfertigungsversuche und mit offenem Herzen. Wie fühlen Sie sich dabei?

____

____

Schmerz

Die meisten von uns haben verschiedene Schichten von Verletzungen und Wut, die wir mit den Schalen einer Zwiebel vergleichen können. Wenn wir die Schale eines Schmerzes entfernen, kommt Wut zum Vorschein. Entfernen wir diese, taucht wieder ein neuer Schmerz auf.

Schmerz und Wut sind sich sehr ähnlich. Wie Wut, so ist auch Schmerz eine Art emotionaler Erpressungsversuch. Auch er wird auf manipulative Weise eingesetzt, um jemanden dazu zu bringen, etwas Bestimmtes zu tun. Der Schrei des Opfers »Du tust mir weh!« ist eine sehr effektive Form der Bestrafung, die dazu dienen soll, im anderen Menschen Schuldgefühle zu erzeugen, damit er bei der Stange bleibt.

Schmerz ist die Weigerung, zu vergeben. Und solange wir nicht vergeben, können sich die alten emotionalen Wunden nicht schließen. Wie für jedes andere Gefühl haben wir uns auch für dieses entschieden. Wie bei Schuldgefühlen und Wut glauben wir auch hier, daß wir die Entstehung eines neuen Schmerzes verhindern können, indem wir uns an den schon bekannten klammern. Und dann leben wir ihn täglich aus und machen es uns selbst unmöglich, weiter voranzukommen.

Wann immer wir bemerken, daß wir uns an einen Schmerz klammern, müssen wir die ursprüngliche Verletzung fühlen, anerkennen und ausdrücken. Um frei zu werden, müssen wir unsere Vermeidungsstrategien aufgeben und die Verletzung noch einmal durchleben – und sei es nur für einen kurzen Augenblick.

Indem wir dem anderen Menschen und uns selbst vergeben, entfernen wir nicht nur die Blockierung aus unserem Herzzentrum, sondern auch die Blockierung, die sich wahrscheinlich in einem anderen Teil unseres Körpers gebildet hat.

Jeder von uns ist für seinen eigenen Schmerz verantwortlich. Deshalb tragen wir keine Verantwortung für die Gefühle anderer Menschen. Mit denen müssen sie selbst fertig werden. Es ist nicht unsere Aufgabe, andere Leute mit Samthandschuhen anzufassen, nur um ihre Gefühle nicht zu verletzen.

Allerdings haben wir auf der irdischen Ebene eine Verantwortung allen Menschen, Tieren und Pflanzen, ja der ganzen Schöpfung gegenüber: Wir sollten niemandem absichtlich weh tun.

Wenn wir vollkommen offen sind und ehrlich mit unseren Gefühlen umgehen, spüren andere Menschen das und fühlen sich in unserer Nähe sicher. Aber wenn wir unklare Botschaften aussenden, das heißt, unseren Gefühlen gegenüber ambivalent, verwirrt oder unehrlich sind, verletzen wir andere Menschen. Auf diese Weise manipulieren wir ihre Gefühle und bereiten ihnen Schmerz.

Daher ist es unsere Aufgabe, unsere Herzen zu öffnen und denen zu vergeben, die uns Leid zugefügt haben. Tun wir das, werden wir ungeahnte Belohnungen erhalten, da uns Liebe aus allen Richtungen zuströmt. Sobald wir die Mauern, die wir um unsere Herzen errichtet haben, abbauen, profitieren davon alle Beziehungen und Freundschaften.

Gleichzeitig müssen wir lernen, unsere Gefühle anderen Menschen gegenüber ehrlich und eindeutig auszudrücken. Dann kann sich unser Kehlkopfzentrum öffnen. Wir hören auf, es allen recht machen zu wollen, Märtyrer zu sein, uns an unseren Schuldgefühlen, Wut und Groll festzuhalten, und fangen an zu leben.

1 Durch wen oder was fühlen Sie sich verletzt?

____

____

____

2 Wie haben Sie es fertiggebracht, so behandelt zu werden?

3 Ich bin jetzt bereit, den folgenden Menschen zu vergeben:

4 Ich vergebe auch mir selbst für:

Visualisierungsübung, um mit Wut umzugehen

Bekräftigen Sie Ihre Macht, indem Sie sich Zeit nehmen und einen Raum herrichten, in dem Sie diese Übung ausführen. Sorgen Sie dafür, daß Sie nicht gestört werden und daß der Anrufbeantworter eingeschaltet ist.

Setzen Sie sich still hin, und schließen Sie die Augen. Wenn Ihnen danach ist, streichen Sie mit den Händen ein paar Zentimeter von Ihrem Körper entfernt über Ihre Aura. Sollten Sie warme oder kalte Flecken spüren, gleichen Sie sie behutsam aus, indem Sie darüber streichen, wie Sie es bei einer Katze tun würden.

Atmen Sie langsam ein und aus, und entspannen Sie sich in Ihren inneren Raum hinein. Strecken Sie die Hand aus, und fangen Sie einen Funken universeller Liebe ein. Legen Sie diesen Funken behutsam in Ihr Herzzentrum. Legen Sie die Hand über die Brust, und spüren Sie, wie der Funke wächst, bis er zur Flamme der Liebe geworden ist. Spüren Sie, daß Sie mit der universellen Flamme verbunden sind.

Sehen Sie nun die Person vor sich, auf die Sie wütend sind. Lernen Sie Ihre Wut zu verstehen, indem Sie der Angst erlauben, an die Oberfläche zu kommen. Vielleicht sehen Sie sich selbst als verängstigtes Kind oder in einer Situation aus einem anderen Leben. Betreten Sie das innere Bild

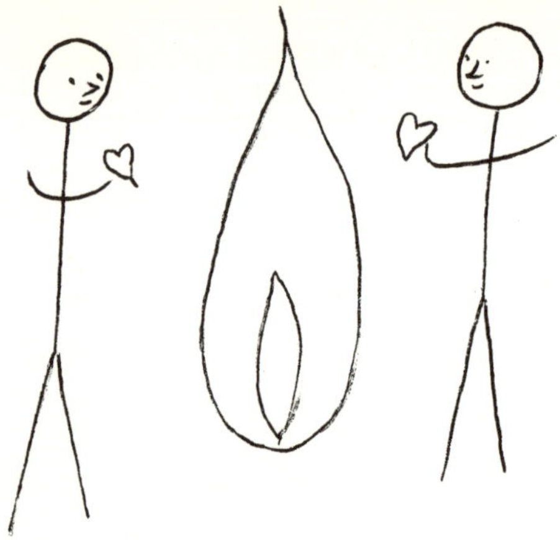

Es gibt keine Trennung.
Wir sind eins.

voller Liebe, und heilen Sie, was immer Sie dort sehen. Die Flamme der Liebe in Ihrem Herzen wird Ihnen dabei helfen.

Wenn Sie Ihr inneres Bedürfnis befriedigt haben, werden Sie sich der Mauer bewußt werden, die Ihre Wut zwischen Ihnen und dem anderen Menschen errichtet hat. Schauen Sie ihm in die Augen. Erkennen Sie seine Angst, die die Ihre widerspiegelt und die ihn dazu bringt, sich auf diese Weise zu verhalten.

Sobald Sie die Angst wahrgenommen haben, lenken Sie die Flamme der Liebe gegen die Mauer, und verbrennen Sie sie.

Setzen Sie sich nun mit dem anderen hin, und erzählen Sie ihm, was Sie fühlen. Erklären Sie ihm, daß Sie Ihre Wut und die Beziehung heilen möchten. Hören Sie aufmerksam zu, was er Ihnen über seine Gefühle zu sagen hat. Sobald Sie spüren, daß sich Ihre Wut verflüchtigt, umarmen Sie Ihren neuen Freund und bedanken sich bei ihm.

Sie fühlen sich jetzt genährt und voller Kraft. Welche positiven Auswirkungen wird dieses neue Gefühl auf Ihr Leben haben? Stellen Sie sich vor, wie Ihr neues, gestärktes Selbst das Leben effektiver meistert.

Schreiben Sie hier auf, was Sie während dieser Übung erlebt haben.

____

____

____

Visualisierungsübung, um Schmerz aufzulösen

Suchen Sie sich einen ruhigen Ort, an dem Sie sich entspannen können und nicht gestört werden. Schließen Sie die Augen, und atmen Sie tief ein und aus.
Sie befinden sich auf einer wunderschönen Wiese und haben vor, einen Berg hinaufzuwandern. Lassen Sie sich Zeit, zum Fuß des Berges zu gelangen, und beginnen Sie dann den Aufstieg. Achten Sie darauf, ob der Weg leicht oder schwer, gerade oder gewunden ist. Auf halber Strecke führt der Weg über eine grüne Lichtung. Legen Sie hier eine Rast ein.

Etwas weiter oben sehen Sie einen kristallklaren Bergsee, an dem Sie rasten oder in dem Sie baden können. Kurz vor dem Gipfel kommen Sie an einen Wasserfall. Ruhen Sie sich dort einen Augenblick aus, und sehen Sie dem herabstürzenden Wasser zu.

Nun sind Sie auf dem Gipfel angekommen. Schweben Sie aus Ihrem Körper heraus. Sie befinden sich nun über dem Planeten, und sehen auf ihn herab. Achten Sie auf seine Größe und Farbe. Schauen Sie sich im gewaltigen Universum um. Betrachten Sie die herrlichen Farben und die Liebesenergie, von der es erfüllt ist.

Sehen Sie wieder auf den Planeten Erde herab, und erkennen Sie, wie viele Leben Sie bereits gelebt haben. Wie wichtig ist Ihr gegenwärtiger Schmerz angesichts dieser gewaltigen Zahl?

Schauen Sie wieder hinunter, und betrachten Sie die Menschen, die Ihnen weh getan haben. Werden Sie sich der Art und Weise bewußt, in der Ihr irdisches Ich Mauern errichtet, um diese Menschen von sich fernzuhalten. Deshalb tun sie Ihnen weh.

Erkennen Sie von diesem höheren Standpunkt aus ihre Verletzungen, aus denen das Verhalten der Betreffenden resultiert.

Öffnen Sie die Arme und Ihr Herz. Spüren Sie, daß Sie goldene Energie ausstrahlen. Nehmen Sie diese Menschen einen nach dem anderen in Ihr Herz auf, und verschmelzen Sie mit ihnen.

Atmen Sie einige Minuten lang goldenes Licht ein.

Nehmen Sie dann wahr, wie Sie herabsinken, bis Ihre Füße wieder den Berggipfel unter sich spüren. Wandern Sie den Pfad hinunter, bis Sie auf die Wiese kommen, von der aus Sie Ihre Reise begonnen haben.

Schreiben Sie hier auf, was Sie während dieser Übung erlebt haben.

___

Verwandeln Sie Ihren Reichtum – spirituell und materiell

Überfluß

Überfluß ist ganz wörtlich zu verstehen als ein Überfließen von Liebe, Wohlstand, Glück und Gesundheit in der Gewißheit, daß noch mehr davon in unser Leben kommen wird. Die Quelle unseres Seins ist unermeßlich, und aus ihr erhalten wir alle nach spirituellen Gesetzen das, was wir brauchen. Da die spirituellen Gesetze universelle Gültigkeit besitzen, wirken immer und überall dieselben Prinzipien – ganz gleich ob wir uns Glück, Wohlstand, Erfolg, Liebe oder Gesundheit wünschen.

Nehmen wir als Beispiel die Liebe. Im universellen Geist herrscht unbegrenzter Überfluß. Können Sie sich einen reichen, großzügigen, liebevollen Vater vorstellen, der möchte, daß seine Kinder arm, krank und unglücklich sind? Natürlich nicht! Das Universum möchte, daß wir glücklich, gesund und reich sind. Es möchte, daß wir empfangen. Die Blockierung geht von uns aus!

Das einzige, was uns davon abhält, am Überfluß der Quelle teilzuhaben, ist unser Glaube, daß wir es nicht verdient haben. Viele von uns haben ziemlich niedrige Erwartungen hinsichtlich dessen, was Sie verdienen. Das zeigt sich immer dann, wenn uns jemand ein Kompliment macht oder uns Geld oder ein anderes Geschenk gibt. Wir schämen uns fast, etwas zu bekommen, oder wir werden gierig und wollen immer mehr. Auch diese entgegengesetzte Reaktion entstammt der Angst, es sei nicht genug für uns da.

In beiden Fällen hemmt unsere Einstellung den Fluß. Das Universum bekommt die Botschaft, daß wir gar keinen Überfluß wollen, und hört auf, ihn uns zufließen zu lassen, ganz gleich in welcher Form – als Geld, Heilkraft, Talent, Schönheit oder irgend etwas anderes.

Geben und nehmen wir aber mit Freude, muß der Überfluß ein Teil unseres Lebens werden. Das Gesetz des Karma besagt, daß wir das empfangen, was wir geben. Demnach kommt alles, was wir aussenden, wie ein Bumerang zu uns zurückgeflogen. Das heißt, daß wir das, was wir einem anderen wünschen, auch selbst bekommen. Einem Rivalen großzügig Erfolg zu wünschen, eröffnet uns ungeahnte Möglichkeiten für den eigenen Erfolg.

Dem Gesetz des Karma zufolge bekommen wir aber das, was wir erwarten, und nicht das, was wir uns wünschen. Wenn wir Liebe wollen, aber Ablehnung erwarten, bekommen wir Ablehnung. Möchten wir glücklich sein, erwarten aber Leiden, bekommen wir das Leiden. Fangen Sie noch heute damit an, schöne Dinge zu erwarten, indem Sie dies mit Hilfe von Affirmationen bekräftigen und sich darauf konzentrieren.

Sobald wir bekräftigen, daß wir das Beste verdient haben, öffnen wir uns der Möglichkeit, das Beste auch zu erhalten. Wenn wir voller Freude Komplimente über unser Aussehen, unsere Fähigkeiten und unsere Liebesfähigkeit annehmen, werden wir schöner, fähiger und liebenswerter.

Sobald wir von Herzen kommende Komplimente machen, gerne großzügig sind und anderen Menschen nur das Beste wünschen, öffnet sich unser Herz. Und sobald es sich geöffnet hat, schwillt das Rinnsal zu einem reißenden Strom an.

Wir alle können im Überfluß leben. Wie alles andere im Universum ist auch dieser Bereich den spirituellen Gesetzen unterworfen.

Ein machtvolles Ritual besteht einfach darin, sich mit weit geöffneten Armen hinzusetzen, so daß das Herzzentrum offen ist, und zu bekräftigen, daß Sie bereit sind, den Überfluß des Universums zu empfangen.

1 Schreiben Sie in den nächsten Tagen auf, wie Sie auf Komplimente reagieren. Achten Sie auch darauf, ob Sie sie bisher überhaupt wahrgenommen haben. Schreiben Sie auf, was Sie dabei entdeckt haben.

____

____

(Bemühen Sie sich nun, zu geben und zu empfangen.)

2 Zeichnen Sie ein Mandala (einen Kreis), und füllen Sie es mit Symbolen des Überflusses.

Wohlstand

In der Quelle unseres Seins liegt ein riesiges unbegrenztes Wohlstandspotential, aus dem wir entsprechend unserem Wohlstandsbewußtsein genau unseren Teil erhalten. Mit anderen Worten: Wir bringen das in unser Leben, von dem wir glauben, daß wir es verdient haben.

Die meisten von uns haben aber ein Armutsbewußtsein, das den Wohlstand verhindert. Dazu zählt ein Glaubenssatz wie dieser: »Wenn ich mehr habe, haben andere weniger.« Diese Überzeugung beruht auf einer falschen Interpretation der spirituellen Gesetze. Jeder von uns erschafft seine persönliche Realität und zieht aus dem universellen Potential automatisch das an, was seinem Glaubenssystem entspricht. Da dieses Potential unermeßlich ist, kann jeder so viel anziehen, wie ihm entspricht.

Der Glaube, daß wir für schlechte Zeiten sparen müßten, richtet unsere Aufmerksamkeit auf die schlechten Zeiten. Wir ziehen das an, worauf wir uns konzentrieren, und erzeugen damit negatives Karma. Es kostet aber genausoviel Energie, sich auf positive Bilder und Wohlstand zu konzentrieren, wie auf den Mangel.

Natürlich ist es toll, ein gut gefülltes Bankkonto zu haben. Aber wenn wir aus Angst, nicht genug zu haben, Geld horten, erzeugen wir Stagnation. Da nichts abfließt, schicken wir dem Universum die Botschaft, daß wir keinen Wohlstand wollen.

Wir erhalten, was wir verdienen. Um unseren Wohlstand zu mehren, sollten wir uns überlegen, was wir eigentlich wollen, und uns dann vorstellen, es zu bekommen. Kommen wir an einem schönen Haus vorbei, bekräftigen wir: »Ich verdiene ein so schönes Haus wie dieses, und ich bin bereit, es zu empfangen.« Wir können uns auch überlegen, welchen Job wir wollen, und uns vorstellen, daß man ihn uns anbietet. Gleichzeitig müssen wir uns natürlich darauf vorbereiten, die Anforderungen dieses Jobs auch erfüllen zu können.

Um im Wohlstand zu leben, müssen wir fähig sein, Geld in Liebe zu empfangen und es mit Liebe auszugeben. Was wir geben, werden wir empfangen. Die meisten von uns beschenken gerne ihre Kinder und andere geliebte Menschen. Aber mit welcher Einstellung zahlen wir unsere Steuern? Wie

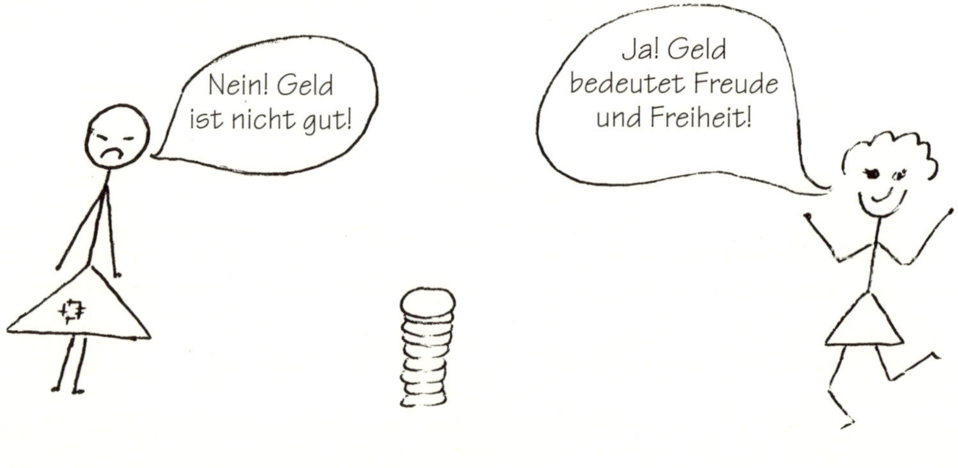

fühlen wir uns, wenn wir die Rundfunkgebühren entrichten sollen? Was denken wir, wenn wir Rechnungen begleichen?

Das universelle Gesetz besagt: Wenn wir voller Freude ausgeben, öffnen wir uns dem, was zu uns kommen möchte.

Manche Menschen meinen, daß Geld die Wurzel allen Übels ist. Oder, wie das Zitat eigentlich lautet: »Die Liebe zum Geld ist die Wurzel allen Übels.« Und tatsächlich: Wenn wir uns ausschließlich auf die materielle Welt konzentrieren und die spirituelle ignorieren, werden wir in einer sehr begrenzten Welt leben.

Aber Geld ist eine Schwingung, die wir anziehen können. Was wir damit machen und wie wir uns dabei fühlen, entscheidet darüber, ob sich dadurch unser Bewußtsein erweitert oder einschränkt. Wohlstand kann Freiheit bedeuten oder Macht, die im Dienste des Lichts ausgeübt wird. Geld bedeutet auch Verantwortung, die uns die Möglichkeit weiteren Wachstums bietet.

Wohlstand ist ein Geisteszustand. Wenn wir überzeugt sind, daß das Universum uns ein neues Paar Schuhe schenken wird, wenn wir eines brauchen, werden wir mit einem Paar wohlhabender sein als mit Hunderten von Schuhen und der Angst, es gäbe bald keine mehr.

Wenn wir Wohlstandsbewußtsein ausstrahlen, berühren wir andere Menschen, so daß auch sie sich in bezug auf Geld sicherer fühlen. So erhöhen wir auch ihr Bewußtsein.

1 Mit welchen einschränkenden Überzeugungen sind Sie in Gelddingen aufgewachsen? Welche es auch sein mögen, sie sind nicht wahr! Schreiben Sie sie auf und die Wahrheit gleich daneben. Zum Beispiel: »Man kann nicht gleichzeitig reich und glücklich sein.« »Ich kann reich und total glücklich sein!«

Unwahrheit:	Wahrheit:
______________________	______________________
______________________	______________________

2 Bekräftigen Sie gegenüber dem Universum, daß Sie mehr verdient haben. Gehen Sie in ein Café, das besseren Kaffee ausschenkt. Kaufen Sie den teureren Gegenstand, selbst wenn er nur ein paar Pfennige teurer ist. Gehen Sie in einem besseren Stadtteil spazieren, und genießen sie den Anblick der Häuser. Schauen Sie sich bessere Autos an, und bekräftigen Sie, daß Sie eines verdient haben. Lächeln Sie, wenn Sie zahlen.
Schreiben Sie hier auf, was Sie getan haben.

____

____

Manifestation

Kein Schicksal und kein Gott, sondern wir selbst manifestieren unser Leben, bringen es hervor – alles in unserem Leben existiert, weil wir selbst es unbewußt oder bewußt haben Realität werden lassen.

Die Kräfte, die über das Gesetz der Manifestation bestimmen, sind Klarheit und Glaube. Wenn wir uns darüber im klaren sind, was wir wollen, und ohne zu zweifeln an die entsprechende Vision glauben, muß sie wahr werden.

Wir alle sind äußerst mächtige Wesen, und wir können vieles wahr werden lassen. Es ist aber wichtig, daß wir Dinge im besten Interesse aller Beteiligten manifestieren, da wir sonst Karma erschaffen, das wir wieder abtragen müssen.

Daher ist es angebracht, zu meditieren und auf die Stimme unserer inneren Weisheit zu hören, um Dinge in unser Leben zu bringen, die im Einklang mit unserer höchsten Bestimmung stehen.

Manchmal glauben wir, daß wir uns absolut im klaren darüber sind, was wir wollen, und dennoch tritt es nicht ein. Tatsächlich sind wir uns in einem solchen Fall nicht wirklich sicher, denn sonst hätten wir es längst erreicht.

Ich arbeitete mit einer Frau, die behauptete, sie sei sich sicher, daß sie ihr Asthma loswerden und gesund sein wollte. Sie ging fest davon aus, das Asthma erfülle keinen Zweck in ihrem Leben. Im Laufe unserer Arbeit erkannte sie jedoch, welchem Zweck es diente. Aufgrund ihres Asthmas bekam sie nämlich Aufmerksamkeit und brauchte bestimmte Dinge nicht zu tun. Das bedeutet, daß viele ihrer Bedürfnisse erfüllt wurden. Schließlich sagte sie beim Abschied, sie müsse darüber nachdenken, da sie sich nicht mehr sicher war, ob sie das Asthma wirklich aufgeben wollte.

Wir glauben, wir wollen die Beförderung, ein großes Haus oder viel Geld, aber wenn wir uns die Angelegenheit auf der unbewußten Ebene betrachten, stellen wir oft fest, daß wir nicht wirklich bereit sind, die Verantwortung dafür zu übernehmen, oder wir stoßen auf Überzeugungen, die verhindern, daß unsere Träume wahr werden. Sobald wir diese hinderlichen Überzeugungen identifiziert haben, können wir beginnen, sie zu ändern.

Um diese hinderlichen Überzeugungen zu erkennen, müssen wir uns vorstellen, daß wir erhalten, was wir möchten, und dabei auf die Ängste und Zweifel achten, die entstehen. Dann müssen wir uns mit ihnen auseinandersetzen.

Wenn wir glauben, Wohlstand ließe sich dadurch erreichen, daß wir einem anderen die Arbeit oder das Haus wegnehmen, lösen wir karmische Vergeltungsmaßnahmen aus. Deshalb sollten wir um ein Haus bitten, das ebenso schön ist, oder einen Job, der ebenso gut oder noch besser ist. Wir sollten auch darum bitten, daß sich unser Wunsch auf eine Weise erfüllt, die für alle Beteiligten zufriedenstellend ist.

Das Gesetz des Gebets funktioniert sehr ähnlich. Es besagt: Bitte darum, glaube daran, und schon ist es dir gewährt! Deshalb sollten wir um das bitten, was wir möchten, und solange wir im Glauben fest sind, wird unser Gebet auch erhört werden. Es wird aber von uns erwartet, daß wir uns sofort so verhalten, als wäre unser Wunsch bereits gewährt. Auf diese Weise wird die Kraft unseres Glaubens auf die Probe gestellt. Wir müssen nur bitten!

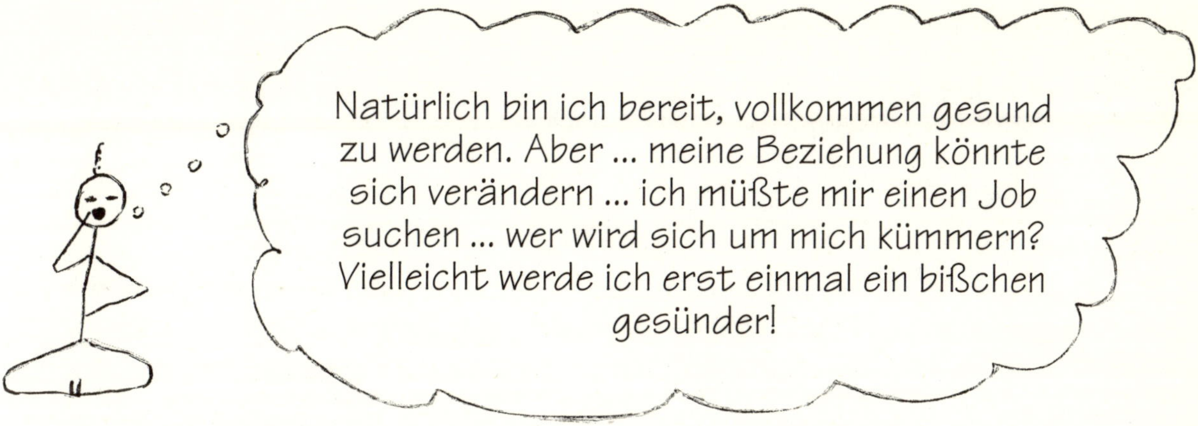

1 Schließen Sie die Augen, und kommen Sie zur Ruhe. Lassen Sie ein Bild von dem entstehen, was Sie wollen. Öffnen Sie die Augen, und formulieren Sie Ihren Wunsch.

2 Wenn man es Ihnen jetzt anbieten würde, würden Sie es annehmen?

3 Wenn Sie die Frage mit ja beantwortet haben, was hält Sie dann noch davon ab, es zu haben? Schreiben Sie auf, was Ihnen spontan dazu einfällt.

4 Wenn Sie die Frage mit nein beantwortet haben, formulieren Sie es anders, was Sie wollen, und schreiben es hier auf.

____

____

5 Was werden Sie unter Einsatz Ihrer männlichen Energie tun, um es zu bekommen? (siehe Seite 114)

____

____

Visualisierungsübung, um Überfluß und Wohlstand zu erhalten

Suchen Sie sich einen ruhigen Ort, an dem Sie nicht gestört werden. Schließen Sie die Augen, und atmen Sie ruhig ein und aus, bis Sie sich entspannt haben.

Sehen Sie vor Ihrem geistigen Auge jemanden, mit dem Sie sich in einem Konkurrenzverhältnis befinden oder gegenüber dem Sie sich als alles andere als großzügig empfinden. Erinnern Sie sich daran, daß genug für alle da ist, und stellen Sie sich vor, daß der andere genau das erhält, was er sich wünscht. Spenden Sie ihm Beifall. Freuen Sie sich mit ihm. Gönnen Sie ihm alles Gute. Denken Sie daran: Der andere, das sind Sie selbst in einem anderen Körper.

Stellen Sie sich nun vor, daß Sie genau das erhalten, was Sie sich wünschen. Genießen Sie es. Sehen Sie, daß sich alle anderen für Sie freuen. Akzeptieren Sie, daß Sie es verdient haben.

Stellen sie sich nun vor, daß sich Menschen vor einer Wasserquelle anstellen. Wie lang ist die Schlange? Wie sehen die Menschen aus? Sind sie voller Vorfreude oder traurig und deprimiert? Sehen sie gepflegt oder abgerissen aus? Stellen sie sich ordentlich an, oder drängeln sich welche vor?

Woher kommt das Wasser? Wie groß ist Ihr Behälter? Wenn Sie den Anfang der Schlange erreicht haben, füllen Sie ihn dann? Was tun Sie mit dem Wasser?

Schauen Sie sich um, ob es noch andere Wasserquellen gibt.

In der Nähe sehen Sie einen Berg. Klettern Sie zum Gipfel empor. Dort oben stehen Sie vor einem herrlichen Wasserfall, der im Sonnenschein glitzert. Sein Wasser entstammt einer nie versiegenden Quelle. Trinken Sie, bis Ihr Durst gelöscht ist.

Sehen Sie, daß in dem Wasser Herzen schwimmen, die Liebe symbolisieren; Sterne, die Erfolg, Schlüssel, die Möglichkeiten, und goldene Münzen, die Wohlstand repräsentieren? Der Vorrat ist unerschöpflich. Strecken Sie die Hände aus, und sammeln Sie so viel ein, wie Sie möchten.

Sie sind mit dieser Quelle verbunden. Spüren Sie, wie die Herzen, Sterne, Schlüssel und Münzen durch Sie auch zu anderen fließen und von dort weiter zu noch anderen, bis alle Menschen vom Fluß des Wohlstands erfaßt worden sind.

Versprechen Sie der Quelle, daß Sie ab heute ein Gefäß für den Wohlstand des Universums sein werden. Und wenn Sie soweit sind, öffnen Sie die Augen.

Schreiben Sie hier auf, was Sie während dieser Übung erlebt haben.

Visualisierungsübung, um Ihre Vision zu verwirklichen

Gehen Sie wieder an Ihren ruhigen Ort, an dem Sie nicht gestört werden. Sorgen Sie dafür, daß Sie genug Zeit für diese Übung haben.

Schließen Sie die Augen, und entspannen Sie sich. Lassen Sie mit jeder Ausatmung Anspannungen und negative Gedanken los. Konzentrieren Sie sich dann auf die Einatmung, und atmen Sie den goldenen Hauch von Liebe und Weisheit ein.

Wenn Sie von Liebe und Weisheit erfüllt sind, denken Sie an Ihre Vision. Fragen Sie die Quelle, ob sie in diesem Moment richtig für Sie ist oder ob sie abgeändert werden muß. Bringen Sie Ihren Verstand zur Ruhe, indem Sie sich eine goldene Kugel vorstellen, die sich hinter Ihren Augen befindet, oder indem Sie in Ihrer Vorstellung an einem klaren, glitzernden Bach entlang durch einen grünen Wald schlendern. Kehren Sie nach ein paar Minuten zu Ihrer ursprünglichen Vision zurück, und spüren Sie, ob sie im Moment richtig für Sie ist. Wenn Sie das Gefühl haben, sie müsse geändert werden, tun Sie es.

Stellen Sie sich Ihre Vision dann so deutlich vor, wie Sie nur können. Spüren Sie, wie sie wahr wird. Genießen Sie von ganzem Herzen, was Sie wahr werden ließen.

Stellen Sie sich vor, daß sich die Vision im Innern eines Luftballons befindet. Halten Sie ihn an der Schnur fest, und schauen Sie zu, wie er über Ihrem Kopf in der Luft schwebt. Lassen Sie dann die Schnur los, und geben Sie so auf symbolische Weise jede Anhaftung an Ihre Vision auf. Sagen oder denken Sie: »Dies oder etwas noch besseres wird sich jetzt auf vollkommene Weise manifestieren.«

Schauen Sie dem Luftballon nach, der über die Landschaft fliegt und immer höher hinauf in den blauen Himmel steigt. Achten Sie darauf, daß er kleiner wird, und spüren Sie, wie er die Aufmerksamkeit und Kraft des Universums auf sich zieht. Schließlich entschwindet er Ihren Blicken.

Bevor Sie die Augen öffnen und in das Zimmer zurückkehren, entspannen Sie sich noch einen Augenblick lang in diesem Glücksgefühl.

Zeichen Sie Ihre Vision so detailliert wie möglich in einen rosafarbenen oder goldenen Luftballon hinein. Je genauer Sie dies tun, desto stärker machen Sie der Quelle Ihre Absichten klar. Schreiben Sie unter das Bild: Dieses oder etwas noch besseres wird jetzt zum Wohle aller Beteiligten wahr!

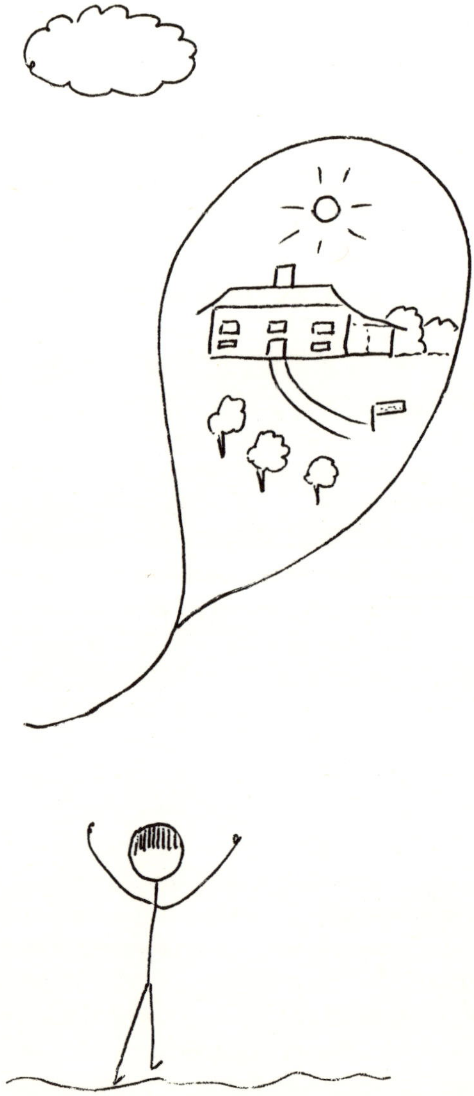

Verwandeln Sie Ihren Körper

Der Körper

Das Bewußtsein baut den physischen Körper auf. Sind unsere Gedanken und Gefühle glücklich, positiv und liebevoll, bauen wir einen Körper auf, der beweglich, kräftig und gesund ist, denn ein gesundes Glaubenssystem erschafft einen gesunden Körper.

Ist das Glaubenssystem aber starr und negativ, erschaffen wir Blockaden im Körper. Wenn wir uns in unserer Haut nicht wohl fühlen, erschaffen wir Krankheiten.

Der Körper lügt nicht. Er spiegelt auf direkte Weise wider, was auf der unbewußten Ebene vor sich geht. Dies ist einer der Gründe, weshalb das Leben auf der Erde so beliebt ist. Es stellt eine Existenzebene dar, auf der sich Gedanken und Gefühle in körperlichen Formen kristallisieren können, damit wir die Gelegenheit haben, sie uns anzuschauen.

Wann immer wir einen Teil des Körpers verspannen, können Blut, Sauerstoff und Energie nicht dorthin gelangen, so daß eine Blockierung entsteht. Und wo immer eine Blockierung auftritt, werden sich körperliche Symptome bilden.

Sind wir wütend, strömt Blut in den Teil des Körpers, in dem wir unsere Gefühle aufgestaut haben. Drücken wir diese dann nicht aus, kann die Energie nicht abfließen und manifestiert sich im Laufe der Zeit als körperliche Krankheit.

Wut erzeugt Zustände, die brennen, anschwellen oder sich röten. Das heißt, Infektionen, Entzündungen und alle Krankheiten, die mit –itis enden.

Wenn uns eine Sache oder ein Mensch reizt und wir uns dessen entweder nicht bewußt sind oder nichts tun, um die Situation zu ändern, wird der Körper unsere Aufmerksamkeit darauf lenken, indem er anfängt zu jucken. Hautausschläge, Ekzeme, Pickel und Insektenstiche fallen in diese Kategorie.

Wenn wir uns schuldig fühlen – selbst wenn wir uns dessen nicht einmal bewußt sind -, werden wir uns Schmerz verursachen oder uns auf irgendeine andere Weise bestrafen. Viele Unfälle geschehen nach einer Entlassung, Scheidung oder Trennung, weil wir uns schuldig fühlen. Motto: »Wäre ich ein besserer Mensch gewesen, wäre das nicht passiert!«

Haben wir große Angst, ziehen wir unsere Energie aus dem Körperteil zurück, in dem wir die Angst aufgestaut haben. Haben wir zum Beispiel Angst voranzukommen, bekommen wir kalte Füße.

Dasselbe Prinzip gilt auch für die inneren Organe. Erreicht das Blut einen bestimmten Teil des Körpers nicht, kann auch kein Sauerstoff dorthin gelangen. Es bildet sich eine Energieblockierung. Kurzfristig kann es vorkommen, daß wir frösteln, zittern, beben oder vor Angst erstarren. Und wenn wir uns lange genug an dieser Angst festklammern, wird sie sich zu einer Krankheit verfestigen, mit Symptomen wie Lähmungen oder Schüttelkrämpfen.

Sind wir emotional verwirrt, halten wir in dem Körperteil, in dem sich die Verwirrung angestaut hat, Körperflüssigkeiten zurück, was zu Schwellungen führt. Es mag sein, daß unsere Augen zuschwellen, weil uns verwirrt, was wir sehen. Vielleicht wissen wir auch nicht, in welche Richtung wir weitergehen sollen, und als Folge schwellen die Knöchel an. Prämenstruelle Verspannungen gehen häufig mit Schwellungen einher, was auf Konflikte mit der eigenen Weiblichkeit hinweist.

Gehen Sie Ihr Leben vom Kleinkindalter bis heute durch, und schreiben Sie alle körperlichen Probleme auf, die Sie je hatten, einschließlich Unfälle und Krankheiten. Schreiben Sie auf, welche Teile des Körpers betroffen waren und auf welcher Körperseite das Problem auftrat. Schreiben Sie dann neben jedes Problem ein Gefühl, von dem Sie annehmen, daß es die Ursache sein könnte. Zum Beispiel:

Mit 2	Asthma	Brust und Lunge	Links und rechts	Angst
Mit 6	rechtes Bein gebrochen			Angst, daß Vati uns verlassen könnte

Wie wir uns unseren Körper erschaffen

Jeder Körperteil gibt uns Informationen über uns selbst. Wo immer sich etwas Physisches manifestiert, bietet sich uns die Gelegenheit, es anzuschauen und daran zu wachsen.

Zunächst bauen wir unser Skelett auf, das den Rahmen unseres Körpers bildet. Da unsere Knochen unsere Grundüberzeugungen repräsentieren, sind sie Ausdruck des spirituellen Wesens, das wir in diesem Leben sind.

Erleben wir während der Kindheit ein extremes Trauma, erschaffen wir wahrscheinlich einen großen dünnen Körper, um auf diese Weise über unsere Gefühle hinauszuwachsen. Besteht die spirituelle Hauptaufgabe dieses Lebens darin, zu lernen, mit unserer Sexualität umzugehen, bauen wir wahrscheinlich einen kleinen quadratischen Körper auf. Es ist auch möglich, daß wir aus spirituellen Gründen einen großen, imposanten Körper aufbauen, um die Lektionen dieses Lebens zu lernen. Vielleicht drücken wir unser Wesen aber am besten dadurch aus, daß wir uns einen kleinen quirligen Körper erschaffen, der unserem aktiven, ungeduldigen, schnell denkenden Geist ein angemessenes Zuhause bieten kann.

Wenn ein Knochen bricht, wird dadurch eine sehr tiefgehende Spaltung oder ein tiefsitzender innerer Konflikt deutlich. Nach einem Knochenbruch bekommen wir nämlich Aufmerksamkeit, werden umsorgt und sind gezwungen, uns auszuruhen. Möglicherweise verhindert unser Glaubenssystem, daß diese Bedürfnisse auf andere Weise erfüllt werden. Ein Knochenbruch weist immer auf die Notwendigkeit hin, etwas Grundlegendes zu verändern.

Haben Sie sich ein gerades Skelett aufgebaut? Sind Sie ein aufrechter Mensch? Treten Sie für Ihre Rechte ein? Sind Sie mutig und stark und tragen Ihren Kopf hoch erhoben? Oder gehen Sie gebeugt? Senken Sie den Kopf? Hat man den Stolz aus Ihnen herausgeprügelt, oder fühlen Sie sich schlecht und schämen sich?

Wir kleiden unsere Knochen mit unseren Gedanken und Gefühlen. Aufgrund wirrer, unbeweglicher und starrer Gedankenmuster entwickeln wir verspannte Muskeln, die zu Zerrungen neigen. Andererseits bauen wir aufgrund starker, beweglicher und glücklicher Gedankenmuster auch starke Muskeln auf.

Fett ist gleich Angst. Wenn wir aufhören, mit dem Fluß des Lebens zu fließen, und uns neuen Erfahrungen widersetzen, nehmen wir zu. Feste Fettpolster weisen auf tiefsitzende Ängste und eingefahrene Denkmuster hin. Wabbeliges Fett zeigt, daß wir Gefühle zurückhalten, zum Beispiel in Form von nicht geweinten Tränen. Der Ort, an dem wir es ablagern, zeigt das Wesen unserer Angst an. Die Schenkel repräsentieren die Vergangenheit, unsere Verhaftung an altes Zeug aus der Kindheit oder sogar aus vergangenen Leben. Fett an den Hüften soll unsere Sexualität schützen oder weist auf

die Angst hin, sich weiterzuentwickeln. Ein Bauch zeigt das Bedürfnis an, uns sexuell oder emotional zu schützen. Breite Schultern weisen darauf hin, daß wir die Last der Welt auf den Schultern tragen. Fette Arme deuten auf ein Bedürfnis hin, das wir uns nie erfüllt haben, nämlich festgehalten und geliebt zu werden. Große Brüste zeigen das Verlangen an, zu nähren, um auszugleichen, daß wir selbst nicht genährt wurden.

Das Gegenteil – extreme Dünnleibigkeit – ist ein Hinweis darauf, daß wir nicht zulassen, genährt zu werden. Dem liegt das Gefühl zugrunde, daß wir es nicht verdient haben oder nicht liebenswert genug sind.

Die Sehnen verbinden die Knochen unseres Selbst mit der geistigen Energie der Muskeln. Eine starre innere Haltung erschafft einen steifen, rigiden Körper, während eine flexible Einstellung einen beweglichen Körper erschafft.

Wann immer wir Angst haben, einen bestimmten Schritt zu tun, uns inflexibel zeigen und unser Leben oder unsere Einstellung nicht ändern wollen, versteifen sich unsere Gelenke. Ist unsere geistige Einstellung aber anpassungsfähig, so daß wir Dinge verändern können und uns mit Leichtigkeit vorwärtsbewegen, sind auch unsere Gelenke frei beweglich.

Zeichnen Sie Ihr Skelett – so, wie Sie es sich vorstellen. Achten Sie auf Brüche oder versteifte Teile. Füllen Sie es dann mit dem Körper aus, den Sie sich erschaffen haben. Während Sie zeichnen, bleiben Sie offen für mögliche Einsichten, und schreiben Sie sie hier auf.

____

____

Körperflüssigkeiten

Die Körperflüssigkeiten repräsentieren die Gefühle. Urin ist die Flüssigkeit, mit der wir Abfälle aus dem Körper schwemmen. Er enthält negative Emotionen, die wir losgelassen haben. Wenn wir uns an alten Zorn klammern oder an unangemessene sexuelle Phantasien, kreieren wir Entzündungen oder Blaseninfektionen. Blasenentzündungen kommen meistens dann vor, wenn es in einer Beziehung zu ernsten Problemen kommt.

Blut repräsentiert das Fließen von Lebensfreude und Liebe durch den Körper. Wenn sich das Blut wie bei einer Thrombose verklumpt, weist dies darauf hin, daß wir auf irgendeine Weise Liebe nicht frei geben und empfangen. Möglicherweise halten wir uns an alten Sicherheiten fest und gehen nicht weiter. Leiden wir unter Anämie, ist unser Blut dünn, und auch Liebe und Lebensfreude sind in unserem Leben wahrscheinlich ein bißchen dünn gesät. Wir sollten anfangen, uns mehr zu lieben und Spaß zu haben.

Leiden wir unter Blutungen, zeigt das an, daß wir uns ungeliebt fühlen, so daß die Emotionen aus

uns herausströmen. Möglicherweise verspüren wir schon lange einen Mangel an Liebe, oder wir trauen uns, in einer neuen Beziehung endlich den Schmerz aus einer alten Beziehung auszudrücken. Nasenbluten weist oft darauf hin, daß wir uns nicht anerkannt, verkannt oder fehl am Platz fühlen.

Tragen wir schon lange Wut in uns, weil wir uns ungeliebt fühlen, jagen wir das Blut mit Hochdruck durch die Arterien, und die negativen Emotionen verschlammen sie. Hoher Blutdruck weist darauf hin, daß sich in uns eine Menge angestaut hat und daß wir viel Liebe und Fürsorge bedürfen, um uns selbst zu heilen.

Übermäßiges Schwitzen ist eine Angstreaktion und zeigt das Loslassen von Emotionen an. Wer andererseits nie schwitzt, zeigt damit, daß er vor einem Problem zurückschreckt und sich in sein Innerstes zurückzieht.

Die Lymphknoten sind die Abfalleimer, die tote Zellen und sonstige Abfallprodukte des Körpers sammeln. Lymphe ist eine klare Flüssigkeit, die durch unseren Körper fließt und uns ständig reinigt. Geschwollene Lymphdrüsen und ein stagnierendes Lymphsystem weisen auf blockierte, vergiftete und verwirrte Gefühle hin. Wenn diese Drüsen über einen längeren Zeitraum nicht richtig funktionieren, bricht das Immunsystem zusammen, was uns für Krankheiten aller Art äußerst anfällig macht. In diesem Fall sollten wir herausfinden, welche giftigen Gedanken und Einstellungen die Blockierung verursacht und uns so verletzlich gemacht haben.

Halten wir Tränen des Schmerzes, der Trauer oder der Freude zurück, wird der Körper sich auf andere Weise ausdrücken. Die laufende Nase und die tränenden Augen, die mit Erkältung, Heuschnupfen oder Stirnhöhlenentzündung einhergehen, sind oft eine Möglichkeit, auf gesellschaftlich akzeptierte Art zu weinen.

Ein trockener Mund kann auf die Angst hinweisen, etwas Nährendes aufzunehmen oder um die Erfüllung eines Wunsches zu bitten. Es kann auch auf die Angst hindeuten, seine Meinung zu sagen.

Fühlt sich ein Mann mit seiner Sexualpartnerin nicht wohl, dann ist er unter Umständen unfähig zu ejakulieren, mit anderen Worten, Emotionen herauszulassen. Auch eine Frau kann austrocknen. Wenn sie sexuell oder emotional nicht erregt ist, fließen ihre Körpersäfte nicht.

1 Wann hatten Sie das letzte Mal eine Erkältung, Heuschnupfen oder Probleme mit den Stirnhöhlen? Was ging damals in Ihrem Leben vor sich?

---

2 Für Frauen: Wie verläuft Ihre Periode? Fließt das Blut schmerzlos und beständig, oder leiden Sie unter Schwellungen und Krämpfen? Was geschieht während dieser Zeit auf emotionaler Ebene?

---

3 Haben Sie Probleme, sich beim Sex hinzugeben?

---

4 Leiden Sie unter Nasenbluten, Zahnfleischbluten, Magengeschwüren oder anderen Formen des Blutverlustes? Haben Sie zu hohen oder zu niedrigen Blutdruck? Auf was könnte das in Ihrem emotionalen Leben hinweisen?

Die Körperseiten

Auf der Suche nach den geistigen oder emotionalen Ursachen eines körperlichen Problems liefert die Betrachtung der betroffene Körperseite wertvolle Hinweise.

Die linke Seite wird mit der Yin-Energie assoziiert. Alles, was auf dieser Seite aus dem Gleichgewicht geraten ist, hat etwas mit Frauen zu tun. Also mit Müttern, Schwestern, Ehefrauen, Tanten, Töchtern, Freundinnen oder Kolleginnen. Bei einer Frau kann sich hier auch eine Blockierung in bezug auf die eigene Rolle als Frau oder der von Frauen allgemein ausdrücken.

Bei beiden Geschlechtern hat die linke Seite mit dem spirituellen Aspekt unseres Wesens zu tun. Möglicherweise unterdrücken wir unsere Heilkräfte oder unsere Intuition, vielleicht gestatten wir uns selbst nicht, unsere fürsorgliche Seite zu zeigen. Vielleicht klammern wir uns auch an Ängste aus der Vergangenheit.

Die rechte Seite wird mit der Yang-Energie assoziiert. Alles, was auf dieser Seite aus dem Gleichgewicht geraten ist, hat mit Männern zu tun. Also mit Vätern, Brüdern, Söhnen, Ehemännern, Freunden oder Kollegen. Bei einem Mann kann sich hier auch eine Blockierung in bezug auf seine Rolle als Mann ausdrücken. Bei einer Frau kann es sich um negative Überzeugungen hinsichtlich Männern im allgemeinen handeln.

Die Yang-Energie hat mit Karriere zu tun, damit, wie wir im Leben vorankommen und was wir tun. Sie ist unsere logische, lineare, mentale, aggressive Energie, die für Geld, Erfolg, Wohlstand und unsere Beziehung zur Welt verantwortlich ist.

Da jeder Körperteil auf etwas Spezifisches hinweist, ist es hilfreich, dieses Prinzip genauer zu verstehen, um unserem Ziel, unser Bewußtsein zu verwandeln und unseren Körper zu heilen, näher zu kommen.

Wenn beispielsweise Ihr rechtes Auge entzündet ist, können Sie sich fragen, was Sie in bezug auf Männer oder Karriere sehen, das Sie so wütend macht. Vielleicht wird Ihnen dann klar, daß Sie wütend auf Ihren Chef sind, weil er Ihr berufliches Vorankommen behindert. Wenn Sie sich dessen bewußt geworden sind, ist es an der Zeit, diese Situation zu ändern.

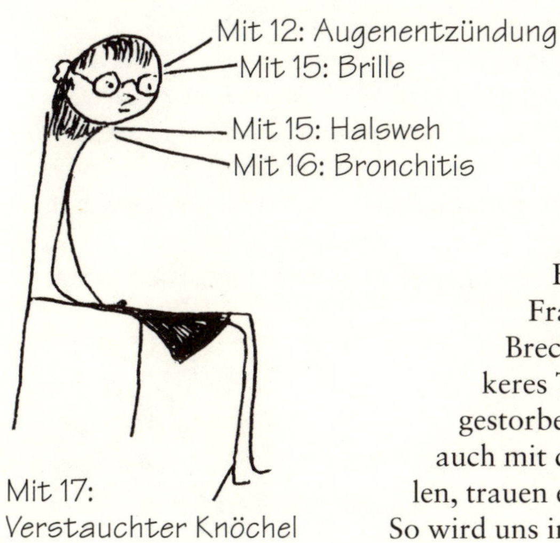

Wir stehen auf unseren Beinen und bewegen uns auf ihnen vorwärts. Verletzen wir zum Beispiel unser linkes Bein, fühlen wir uns wahrscheinlich in unserer Rolle als Frau oder wegen einer Frau in unserem Leben unsicher. Brechen wir das linke Bein, weist das auf ein noch viel stärkeres Trauma hin. So ist möglicherweise eine geliebte Frau gestorben oder hat sich zurückgezogen. Vielleicht müssen wir auch mit der Vergangenheit brechen? Vielleicht möchten wir heilen, trauen es uns aber nicht zu, so daß wir diesen Traum aufgeben. So wird uns im wahren Sinne des Wortes ein Standbein genommen.

Sprichwörter, in denen Organe vorkommen, verraten uns, was wir wissen wollen. Wenn Sie beispielsweise Schluckbeschwerden haben, sollten Sie sich fragen: »Was kann ich nicht länger schlucken?« Sie werden mit Sicherheit sofort auf die richtige Antwort kommen.

1 Zeichnen Sie Ihren Körper. Kennzeichnen Sie auf der rechten Seite die Stellen mit roten Punkten, an denen Sie einmal Probleme hatten. Kennzeichnen Sie Probleme auf der linken Seite mit blauen Punkten.

___

___

___

2 Achten Sie darauf, ob ein Muster entsteht. Gibt es Menschen oder Situationen, mit denen Sie sich unbedingt befassen müssen?
Wie können Sie die Situation ändern? Denken Sie daran, daß Sie vom Universum unterstützt werden, wenn Sie fest entschlossen sind, etwas zu ändern.

___

___

___

Für jedes Problem gibt es eine Lösung. Wir haben das Gefühl, nicht voranzukommen, nur weil unser Denken begrenzt ist. Kreative Visualisierungsübungen erlauben uns, über unsere Begrenzungen hinauszuwachsen, so daß neue Möglichkeiten in unser Bewußtsein treten können. Oft halten wir diese bunten Ideen für reine Phantasiegebilde, aber in Wirklichkeit ist die Vorstellungskraft der Grundstein jeder Schöpfung. Ein Gebäude beginnt als Bild im Kopf eines Architekten. Auch Freiheit, Gesundheit und Wunder sind zunächst einmal nichts als Bilder in unserem Kopf.

Sobald wir eine kreative Lösung für eine Blockade im Körper gefunden haben, kann die Energie wieder fließen, und wir sind geheilt.

Visualisierungsübung, um Blockaden aufzulösen

Nehmen Sie sich ausreichend Zeit, und finden Sie einen Ort, an dem Sie sich wohl fühlen. Legen oder setzen Sie sich hin, und gestatten Sie Ihrem Körper, sich zu entspannen. Konzentrieren Sie sich auf Ihre Atmung, bis diese ruhig geworden ist.

Schließen Sie die Augen. Stellen sie sich das Bild Ihres Körpers vor, das Sie gerade gezeichnet haben, und konzentrieren Sie sich auf einen oder auf mehrere Punkte.

Während Sie sich einen Punkt anschauen, wird eine Person, das Bild einer Situation oder ein Symbol aus ihm hervortreten. Lassen Sie die Ursache des Problems in Ihr Bewußtsein einfließen. Da Sie hierbei manche Überraschung erleben können, sollten Sie völlig offen und für alle Vorschläge empfänglich sein, die Ihnen Ihr Unbewußtes präsentiert.

Schließen Sie das erhaltene Bild in eine Blase ein, und lassen Sie diese in das Universum hinausschweben. Sobald sie dort draußen ist, lösen Sie sie in goldenem Licht auf. Wenn Sie möchten, können Sie sie auch in Millionen Teile explodieren lassen.

Visualisieren Sie nun die perfekte Lösung für Ihr Problem. Denken Sie daran, daß alles möglich ist. Setzen Sie Ihre gesamte Vorstellungskraft und Erfindungsgabe ein.

Ist das, was Sie sich vorstellen, für einen anderen von Nachteil, stellen Sie sich auch für ihn eine perfekte Lösung vor. Nehmen wir an, Sie möchten größere Freiheit, die nur dadurch zu erlangen ist, daß ein älterer Verwandter in ein Seniorenheim zieht – was er nicht möchte. Stellen Sie sich vor, daß er dort glücklich wird und viele Freunde findet. Es gibt immer eine perfekte Lösung, wenn die dahinterstehenden schöpferischen Gedankenkräfte das Wohl aller Beteiligten ehrlich und ungeteilt zum Ausdruck bringen.

Wenn Sie einen Menschen oder eine Sache wollen, die zu jemand anderem gehören, erschaffen Sie sich schlechtes Karma. Sehnen Sie sich also nach einer Person, die bereits in einer Beziehung ist, dann sollten Sie sich vorstellen, daß jemand, der gleichermaßen attraktiv *und* ledig ist und perfekt zu Ihnen paßt, in Ihr Leben tritt. Möchten Sie ein Ding haben, das einem anderen gehört, sollten Sie sich auch in diesem Fall vorstellen, daß etwas gleich Gutes oder Besseres zu Ihnen kommt.

Nachdem Sie sich Ihre Vision vorgestellt oder vielleicht sogar aufgezeichnet haben, sagen oder schreiben Sie: »Dieses oder etwas noch Besseres kommt auf vollkommene Weise zu mir.« Fügen Sie hinzu: »Dein Wille geschehe!«

Jeden Tag geschehen Wunder. Sie finden statt, wenn die richtigen Energien zu ihrer Verwirklichung ausgeschickt werden. Erschaffen Sie in Ihrer Vorstellung Ihr eigenes Wunder. Tun Sie dies mit soviel Gefühl, Energie und Phantasie wie möglich. Setzen Sie alle Ihre Sinne ein – Geruch, Gehör und Berührung. Je mehr Energie Sie hineingeben, desto wirklicher wird es werden.

Nachdem Sie eine kreative Lösung für alle Beteiligten gefunden haben, öffnen Sie die Augen, und seien Sie glücklich.

Zeichnen oder schreiben Sie hier die perfekte Lösung auf, mit der alle Beteiligten zufrieden sein können.

Die Teile des Körpers

Nerven, Haare und Augen

Unser Kopf repräsentiert das Selbst. Hier sitzt das Kontrollzentrum des ganzen Körpers; von hier gehen die Befehle aus, die den Körper regieren.

Verletzen wir den Kopf oder stoßen ihn häufig, so weist das auf eine Frustration mit dem Selbst und mit unseren Lebensumständen hin. Babys, die mit ihrem Kopf gegen die Wand schlagen, drücken damit oft aus, daß sie nicht auf der Erde sein wollen. Ihr Erinnerungsspeicher weiß noch, woher sie kommen, und sie wären lieber auf der geistigen Ebene geblieben.

Häufig bekommen wir Kopfschmerzen, wenn wir zu schwer arbeiten, weil wir im Grunde daran glauben, daß wir nicht gut genug sind. Leiden wir unter einem geringen Selbstwertgefühl, kritisieren wir uns selbst und treiben uns gleichzeitig an, bis wir Migräne bekommen. Wenn wir zu kopflastig sind, uns immer Sorgen machen, zuviel denken und alles rational erklären wollen, entstehen Kopfschmerzen als Folge geistiger Überlastung.

Die Nerven

Die Nerven sind das Alarmsystem des Körpers. Da durch sie ununterbrochen Botschaften an jeden Teil des Körpers gesandt werden, kommt es zu einem Kommunikationsproblem, wenn ein Nerv beschädigt ist. Mit wem kommunizieren wir nicht? Warum kommunizieren wir nicht? Gibt es etwas in uns, zu dem wir keine Verbindung haben?

Das Haar

Das Haar repräsentiert unsere Gedanken und daher unsere Stärken. Ist es durcheinander, kraus und nicht zu bändigen? Ist es dünn und brüchig oder glänzend und gesund? Ordentlich und gepflegt? Haarausfall weist darauf hin, daß wir glauben, mit einem Teil unseres Lebens nicht fertig zu werden. Ständige Sorgen führen dazu, daß sich die Kopfhaut verspannt, wodurch die Haare keine Nahrung durch die Wurzeln aufnehmen können und ausfallen. Eine Glatze zeigt an, daß wir unsere Kraft durch unsere ständige Besorgtheit unterminiert haben.

Die Augen

Die Augen sind die Fenster zur Seele. Wenn uns jemand nicht in die Augen schauen kann, wissen wir – meistens unbewußt –, daß er lügt. Schauen wir jemandem in die Augen, begegnen wir ihm von Seele zu Seele.

Kurzsichtigkeit weist auf Angst vor der Zukunft hin. Ein weitsichtiger Mensch ist eher extrovertiert und schaut sich nicht gerne die Probleme an, die in einer intimen Beziehung auftauchen, oder andere Dinge, die ihm nahe sind.

Grauer Star ist ein Zeichen dafür, daß uns unsere Zukunft als so ungewiß erscheint, daß unsere

Sicht getrübt wird. Beim Grünen Star ist der Augendruck erhöht, weil sich Gefühle angestaut haben und wir nur ganz begrenzte Möglichkeiten vor uns sehen. Stabsichtigkeit (Astigmatismus) zeigt an, daß wir uns in unserer Realität nicht wohl fühlen und deshalb unser Bild der Wirklichkeit verzerren.

1 Welche Formen haben Ihr Kopf und Ihr Körper?

Ein eckiges Gesicht und ein gedrungener Körper weisen auf eine Erd-Persönlichkeit hin, die auf dem Boden der Tatsachen steht und sich mit irdischen Angelegenheiten und ihrer Sexualität beschäftigt.

Ein rundes Gesicht und ein großgewachsener Körper zeigen eine Wasser-Persönlichkeit an, die sich vorwiegend mit Gefühlen befaßt.

Ein ovales Gesicht und ein kleiner Körper weisen auf eine Feuer-Persönlichkeit hin, die Visionen hat, leicht zu begeistern ist und die Dinge aus der richtigen Perspektive sieht.

Ein ovales Gesicht und ein großgewachsener Körper zeigen eine Luft-Persönlichkeit an, die oftmals hohe Ideale hat, über den irdischen Dingen schwebt und der die Bodenhaftung fehlt.

Finden Sie heraus, zu welcher dieser Persönlichkeitstypen Sie zählen oder ob Sie sich aus verschiedenen dieser Typen zusammensetzen. Schreiben Sie auf, was das für Sie bedeutet.

2 Was sagt Ihr Haar über Ihre Kraft aus?

---

3 Was sagen Ihre Augen darüber aus, wie Sie das Leben sehen? Denken Sie daran, daß wir alle sehen, was wir sehen wollen.

Ohren, Nase und Mund

Die Ohren

Wenn uns nicht gefällt, was wir hören, wir dem aber nicht entfliehen können, ziehen wir uns möglicherweise in chronische oder vorübergehende Taubheit zurück. Meine Ohren waren einmal völlig verstopft, bis ich sie ausspülen ließ.

Wenn uns das, was wir hören, wütend macht oder verwirrt, entwickeln wir möglicherweise Ohrenentzündungen. Besonders Kinder, die sich häuslichen oder schulischen Konflikten nicht entziehen können, neigen dazu.

Tinnitus ist eine Methode des Unterbewußtseins, mit der all das übertönt werden soll, was wir nicht hören wollen. Es kann auch darauf hinweisen, daß wir nicht auf unsere innere Stimme hören, auf die Stimme unseres Höheren Selbst.

Die Nase

Die Nase repräsentiert die Intuition und daher unsere Selbstwahrnehmung. Ist sie verstopft, weist das darauf hin, daß wir nicht auf unsere Intuition hören oder das Gefühl haben, daß niemand versteht, wer wir eigentlich sind. Wenn wir unsere Gefühle nicht offen ausdrücken können, ist eine laufende Nase eine gesellschaftlich akzeptierte Art zu weinen. Verstopfte Neben- oder Stirnhöhlen zeigen an, daß uns jemand nervös macht. Nasenprobleme können natürlich auch darauf hinweisen, daß wir unsere Nase zu sehr in die Angelegenheiten anderer Leute stecken!

Der Mund

Durch unseren Mund nehmen wir mit dem Essen auch emotionale Nahrung auf. Außerdem drücken wir uns durch ihn aus. Mundprobleme können auftreten, wenn wir schlecht über jemanden reden,

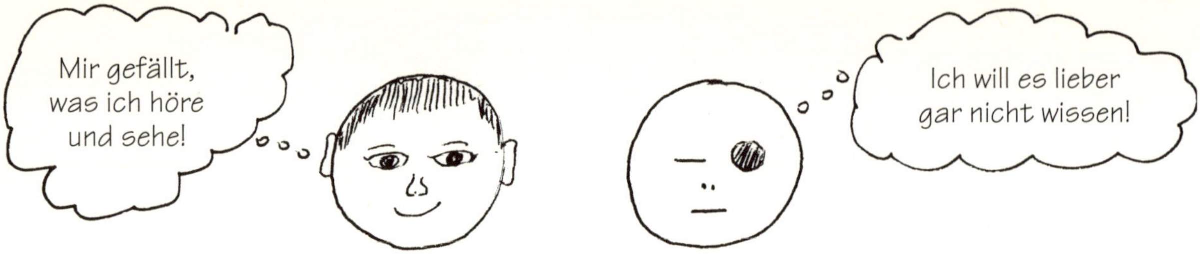

uns »das Maul zerreißen«. Vielleicht hinterläßt aber auch das, was in unserem Leben vor sich geht, einen schlechten Geschmack im Mund. Der Mund ist ein sehr empfindsamer, intimer Bereich. So können Geschwüre im Mund darauf hinweisen, daß uns der Mangel an Liebe auffrißt oder daß wir nicht akzeptieren wollen, was in unserem Leben geschieht.

Die Zähne

Die Zähne symbolisieren, wie wir mit einem Problem umgehen und ob wir uns die Zähne daran ausbeißen. Verfaulende oder infizierte Zähne weisen auf die Notwendigkeit hin, unsere Gedanken oder unsere Sprache zu läutern. Neigen wir dazu, über andere herzuziehen? Die Zähne symbolisieren auch Entscheidungen. Wenn Zähne lose sind oder weh tun, kann das bedeuten, daß wir unfähig sind, Entscheidungen zu treffen, oder uns ihretwegen unnötig den Kopf zerbrechen. Da das Zahnfleisch die Zähne hält, zeigen Probleme in diesem Bereich an, daß wir unentschlossen sind.

Die Lippen

Ein Kuß ist eine besonders intime Berührung. Bläschen und Wundsein verhindern es, einem Menschen so nahe zu sein. Was macht uns wund? Macht uns Nähe Angst? Fühlen wir uns schuldig, weil wir Intimität genießen?

Über die Lippen drücken wir Gefühle aus. Vielleicht glauben wir, etwas zurückhalten zu müssen oder keine Klagen über unsere Lippen kommen lassen zu dürfen. Was halten wir jetzt, in diesem Augenblick, zurück?

1 Zeichnen Sie Ihr Gesicht.

2 Haben Sie vergessen, irgend etwas zu zeichnen? Was bedeutet das? Wenn Sie beispielsweise die Ohren vergessen haben, hören Sie eigentlich auf sich selbst und andere? Wenn Sie die Augen vergessen haben, wie sehen Sie dann die Welt?

____

____

3 Ausgehend von dem, was Sie jetzt gelesen und gezeichnet haben, was sagt Ihr Kopf über Sie aus?

____

____

Kiefer, Nacken und Hals

Der Unterkiefer

Wenn wir vor Wut die Zähne zusammenbeißen, pressen wir in Wirklichkeit die Kiefer zusammen. Das weist darauf hin, daß wir uns an etwas festklammern und alles kontrollieren wollen. Wir haben auch Angst, etwas zu sagen, weil sich die Dinge dadurch noch verschlechtern könnten. Vielleicht haben wir aber auch Angst vor dem, was wir sagen könnten, wenn wir uns einmal gehenlassen. Um diese Anspannung zu lösen, müssen wir anfangen, unsere Gefühle ehrlich auszudrücken.

Es kann hilfreich sein, sich laut mit einem Kissen zu unterhalten und sich vorzustellen, es sei der Mensch, mit dem wir reden möchten. Wir können diesen Prozeß aber auch beginnen, indem wir unsere Gefühle aufschreiben und das Blatt anschließend verbrennen.

Kieferkrämpfe weisen darauf hin, daß wir unsere Wut mit aller Macht unterdrücken.

Der Nacken

Der Nacken verbindet den Kopf, und damit unser Denken, mit dem Herzen, unseren Gefühlen. Ein langer Hals kann auf eine Trennung von Körper und Geist hinweisen oder zumindest auf den Wunsch, sich von seinen Gefühlen zu distanzieren. Fehlt der Nacken aber scheinbar ganz, bereitet es uns wahrscheinlich Probleme, Gedanken und Gefühle miteinander in Einklang zu bringen.

Ein steifer Nacken zeigt an, daß wir eigensinnig, geistig unbeweglich und übermäßig stolz sind. Wir sollten aber verstehen, daß es immer auch andere gültige Standpunkte gibt. Wenn wir uns gestatten würden, den Standpunkt eines anderen zu verstehen, wie würden wir dann die Welt sehen? Wenn wir unter Nackenschmerzen leiden, sollten wir uns fragen, wer oder was uns im Nacken sitzt. Die Antwort ist meistens sehr naheliegend.

Der Hals

Der Hals und die Kehle sind sehr empfindlich. Hier hören wir die Stimme unserer inneren Führung. Sprechen wir unsere Wahrheit nicht aus, wird dieser Bereich blockiert. Wenn wir einen Frosch im Hals haben oder uns häufig räuspern müssen, können wir davon ausgehen, daß wir nicht ehrlich sind oder Angst haben, daß andere nicht akzeptieren werden, was wir zu sagen haben.

Schlucken wir unsere Wut, unseren Schmerz und unsere Enttäuschung hinunter, entstehen wahrscheinlich Halsschmerzen. Was bleibt uns im Hals stecken? Was möchten wir in Wirklichkeit sagen? Mit wem müßten wir uns dringend unterhalten? Was können wir nicht länger schlucken?

Halsprobleme weisen auf die Angst hin, die eigene Meinung zu sagen. Manchmal reden wir uns ein, wir halten uns zurück, um einen anderen nicht zu verletzen, aber in Wirklichkeit haben wir Angst um uns selbst. Woran ersticken wir? *Was* schnürt uns die Kehle zu? *Wer* schnürt uns die Kehle zu?

Wenn wir so wütend sind, daß wir Angst haben, etwas zu sagen, was uns den Job oder die Beziehung kosten kann, verlieren wir möglicherweise völlig die Stimme. Auf diese Weise versucht uns das Unterbewußtsein vor Gefahr zu schützen. Aber wenn wir den Mund aufgemacht hätten, wem hätten wir die Meinung gesagt und wie?

1 Setzen Sie sich hin, und plazieren Sie ein Kissen vor sich. Stellen Sie sich vor, es sei eine bestimmte Person, und sprechen Sie mit ihr. Drücken Sie all das aus, was Sie sagen würden, wenn es ein richtiger Mensch wäre. Dabei spielt es keine Rolle, ob dieser Mensch noch lebt oder schon tot ist.

Tauschen Sie anschließend die Plätze, und werden Sie zu der anderen Person. Antworten Sie von ihrem Standpunkt aus. Hören Sie aufmerksam zu, und versuchen Sie sie zu verstehen. Umarmen Sie zum Schluß das Kissen.

Was wollten Sie sagen, und was wollte die andere Person zu Ihnen sagen?

____

____

2 Auf welche Weise fühlen Sie sich der Beziehung oder der Situation gegenüber anders? Fühlt sich Ihr Körper anders?

____

____

Der Rücken

Der Rücken stützt und unterstützt uns. Aber wir schieben auch Dinge hinter uns, damit wir sie nicht mehr sehen und uns mit ihnen befassen müssen. Wem oder was kehren wir den Rücken zu? Welches Gewicht lastet auf unseren Schultern? Und wen möchten wir am liebsten loswerden?

Die Wirbelsäule

Die Wirbelsäule wird auch als Rückgrat bezeichnet, was ein Synonym für Mut, Ausdauer und Durchsetzungsvermögen ist. Die Kundalini-Energie – unsere Lebenskraft – fließt durch sie hindurch. Man sagt über jemanden, der sich saft- und kraftlos gibt und keinen Standpunkt beziehen will, er habe kein Rückgrat. Wenn die Wirbelsäule zu sehr gekrümmt ist oder Wirbel sich gegeneinander verschoben haben, kann die Lebenskraft nicht fließen und sich ausdrücken.

Der obere Teil des Rückens

Dieser Teil des Rückens befindet sich hinter dem Herzzentrum. Probleme in diesem Bereich weisen auf Wut hin oder auf Angst, nicht so geliebt oder emotional unterstützt zu werden, wie wir es brauchen. Sie können aber auch anzeigen, daß wir Menschen oder Situationen, die wir mit uns herumgeschleppt haben, loswerden möchten.

Der mittlere Teil des Rückens

Dieser Teil liegt hinter dem Solarplexus, dem Zentrum unseres Selbstwertgefühls. Probleme in diesem Bereich weisen darauf hin, daß alte Schuldgefühle, Wut und Konkurrenzverhalten uns am Weiterkommen hindern. Es ist daher an der Zeit, unser Bewußtsein zu erweitern und unsere Gedankenmuster auf eine höhere Ebene zu heben, damit diese Energie dem Spirituellen zur Verfügung steht.

Der untere Teil des Rückens

Dieser Bereich ist für unser Überleben zuständig und repräsentiert, wie stark wir uns emotional und materiell vom Universum unterstützt fühlen. Wenn wir uns bedroht fühlen, weil wir beispielsweise

unsere Arbeit verloren haben oder die Hypothek nicht abzahlen können, weil eine Beziehung in die Brüche gegangen ist oder jemand, von dem wir abhängen, krank geworden ist, wird sich dieser Streß im Bereich der Lendenwirbelsäule zeigen. Äußerlich mögen wir zwar selbstsicher erscheinen, innerlich haben wir aber Angst, daß uns etwas genommen wird. Daher weisen Probleme im unteren Rückenbereich auf den Wunsch nach mehr Sicherheit hin.

Bandscheibenvorfall

Ein Bandscheibenvorfall zeigt einen inneren Konflikt zu einem Grundthema unseres Lebens an. Setzen wir uns selbst zu sehr unter Druck? Oder setzt uns jemand oder etwas von außen unter Druck?

Osteoporose

Osteoporose weist auf die Angst hin, unser emotionales Unterstützungssystem könne in sich zusammenfallen.

Krümmung der Wirbelsäule

Dieses Problem zeigt an, daß wir nicht genug Nahrung – gleich welcher Art – bekommen, um ein starkes Rückgrat zu entwickeln.

1 Hatten Sie je Rückenprobleme? Wenn ja, in welchem Bereich des Rückens? Was geschah in den Wochen und Monaten vor dem Einsetzen des Problems?

____

____

2 Schließen Sie die Augen. Geben Sie dem Teil Ihres Rückens, der Ihnen weh tut, eine Stimme. Lassen Sie ihn erzählen, wie es ihm geht. Hören Sie aufmerksam zu, und ermutigen Sie die Stimme, alles auszudrücken, was sie sagen möchte. Zensieren Sie nichts. Lenken Sie nicht vom Thema ab. Hören Sie einfach zu, und gestatten Sie der Stimme, das zu sagen, was sie schon so lange sagen wollte. Wenn sie alles gesagt hat, versprechen Sie ihr, ihr auf angemessene Weise zu helfen.

Wenn Ihr Rücken beispielsweise sagt, daß er es satt hat, Ihren ständig jammernden Freund noch länger herumzuschleppen, oder daß er nicht den ganzen Tag auf hochhackigen Schuhen stehen will, gehen Sie auf seine emotionalen und körperlichen Bedürfnisse ein. Trennen Sie sich von Ihrem Freund, und kaufen Sie sich neue Schuhe.

Schreiben Sie hier auf, welche Informationen Sie von Ihrem Rücken bekommen haben.

____

____

Schultern, Arme und Hände

Die Schultern

Auf den Schultern tragen wir Verantwortung und die Last des Lebens. Alle Entscheidungen, die wir in diesem Leben getroffen haben, lasten auf ihnen. Haben wir runde Schultern, um damit auszudrücken, daß wir nicht bereit sind, Verantwortung zu übernehmen oder Lasten zu tragen? Von runden Schultern rutscht nämlich alles ab.

Oder haben wir breite Schultern, mit denen wir eine Menge Verantwortung schultern können? Manche Menschen bauen sich schon vorsichtshalber massige Schultern auf, was anzeigt, daß sie glauben, eine gewaltige Last tragen zu müssen. Aber es ist auch ein Panzer, da sie eigentlich gar nicht bereit sind, sich so viel aufzubürden. Nach vorne gezogene Schultern zeigen an, daß wir am liebsten allen Problemen aus dem Weg gehen möchten.

Steife Schultern weisen darauf hin, daß der Fluß der Herzenergie eingefroren ist, weil eine Zurückweisung uns zu große Schmerzen bereitet hat. So glauben wir vielleicht, jemand habe uns die kalte Schulter gezeigt, weil er gestorben ist oder uns verlassen hat. Wir versteifen unsere Schultern auch, wenn unsere Männlichkeit oder Weiblichkeit in Frage gestellt wurde. Vielleicht möchten wir jemandem die kalte Schulter zeigen?

Die Arme

Die Arme sind eine direkte Verlängerung der Herzenergie. Wenn wir die Arme ausbreiten, um jemand in sie zu schließen, öffnen wir auch unser Herzzentrum. Die Arme repräsentieren die Fähigkeit, auf Menschen oder Situationen zuzugehen und sie zu umarmen.

Waffen sind Verlängerungen unserer Arme. Die Arme zeigen also an, ob wir das Leben annehmen – es umarmen – oder es bekämpfen. Wenn wir einen Arm nicht gebrauchen können, was würden wir mit ihm tun, wenn wir es könnten?

Die Ellenbogen

Die Ellenbogen können der Bewegung unserer Arme Anmut verleihen oder knochig und ungelenk sein. Probleme in diesem Bereich zeigen an, daß wir unsere Vorstellung vom Leben nur schwer ändern können. Gegen wen möchten wir unsere Ellenbogen einsetzen? Wer setzt sich mit

Ellenbogengewalt rücksichtslos gegen uns durch? Vertrauen wir auf brutale Gewalt, um uns durchzusetzen?

Sehnenscheidenentzündungen werden auch als Tennisarm bezeichnet. Sie weisen darauf hin, daß es schwerfällt, sich zu bewegen, sei es geistig, emotional oder körperlich. Da diese Entzündungen äußerst schmerzhaft sind, zeigen sie möglicherweise auf, daß wir uns schuldig fühlen, weil wir uns oder etwas bewegen wollen.

Die Hände

Die Hände repräsentieren, wie wir mit dem Leben fertig werden. Da wir mit den Händen geben und empfangen, sollten wir uns bei Problemen in diesem Bereich fragen, ob wir uns an allem festklammern oder ob uns alles durch die Hände rinnt. Woran halten wir (uns) fest? Sind unsere Hände kalt, so daß sich unsere Herzenergie nicht in unseren Handlungen ausdrücken kann? Sind die Hände heiß und naß, zeigt dies an, daß wir gefühlsmäßig zu stark engagiert sind. Mit unseren Händen berühren, streicheln und applaudieren wir. Wie fühlen wir uns diesen Dingen gegenüber?

Die Finger

Die Finger repräsentieren, wie wir mit den Details des Lebens umgehen.

1 Schauen Sie sich Ihre Arme und Hände an. Sind sie anmutig oder ungelenk? Führen Sie elegante kreisförmige Bewegungen mit Händen und Armen aus. Machen Sie die Bewegungen allmählich immer größer, so daß die Herzenergie bis in die Finger fließen kann. Große ausgreifende Bewegungen mit den Armen machen auch die Aura größer und laden sie energetisch auf.

   Achten Sie darauf, wie sich die Bewegungen anfühlen. Welcher Teil Ihres Körpers fühlt sich anders an?

___

2 In welchem Teil Ihrer Schultern, Arme oder Hände haben Sie ein Problem? Schließen Sie die Augen, und konzentrieren Sie sich auf einen dieser Bereiche. Wie fühlt er sich an? Ist er verspannt, steif, pulsierend? Spüren Sie Ziehen oder Stechen? Hören Sie zu, was das Gefühl Ihnen sagen möchte. Der Schmerz in den Schultern sagt Ihnen vielleicht, daß Sie sich danach sehnen, umsorgt zu werden. Der steife Arm möchte Ihnen vielleicht sagen, daß Sie jemanden verprügeln möchten, wenn Sie ihn bewegen könnten. Öffnen Sie sich den Botschaften Ihres Unterbewußtseins. Schreiben Sie hier Ihre Eindrücke auf:

___

___

Brust, Herz und Lunge

Der Brustkorb

Der Brustkorb ist die Fassade, die wir der Welt zeigen. Er schützt unser Herzzentrum, in dem unsere Gefühle und Emotionen beheimatet sind, unsere Geheimnisse, Sehnsüchte, Hoffnungen und Wünsche. Wir strecken unsere Brust heraus, um so zu tun, als wären wir stärker, als wir uns im Grunde fühlen, oder um unsere Unzulänglichkeiten zu verbergen. Manche Menschen sind schmalbrüstig, weil sie Angst haben, ihr Herz zu öffnen, andere bauen sich gewaltige Brustkörbe auf, um ihr zerbrechliches Herz zu schützen.

Die Lungen

Die Lungen repräsentieren die Fähigkeit, frei und ohne die Hilfe anderer zu atmen, unabhängig und selbstsicher zu sein. Probleme in diesem Bereich deuten darauf hin, daß wir aus Angst vor dem Leben die Luft anhalten oder daß wir von anderen Menschen dominiert werden.

Asthma kann ein Hinweis darauf sein, daß wir davon abhängig sind, daß sich jemand um uns kümmert und daß wir nicht ohne Hilfe atmen können. Vielleicht auch werden wir auf der emotionalen Ebene von jemandem erstickt. Außerdem kann Asthma auf heruntergeschluckte Tränen oder unterdrückten Schmerz hinweisen, der schon mehrere Leben alt sein kann.

Husten deutet Irritation an. Was wollen wir loswerden? Was möchten wir ausspucken?

Die Brust

Mit der Brust nährt eine Frau das neue Leben. Probleme im Brustbereich können ein Hinweis darauf sein, daß wir andere zwanghaft nähren und aufbauen wollen. Vielleicht wollen wir damit unsere Weiblichkeit unter Beweis stellen oder allen zeigen, daß wir eine gute Mutter sind. Vielleicht möchten wir aber auch Menschen von uns abhängig machen, damit sie uns nicht verlassen. Auf jeden Fall kompensieren wir den Teil in uns, der sich nicht ausreichend genährt fühlt. Vielleicht haben wir Probleme in diesem Bereich entwickelt, weil wir glauben, andere päppeln zu müssen, obwohl wir es aber gar nicht wollen. Brustkrebs zeigt immer an, daß unsere Bedürfnisse nicht befriedigt werden, da wir glauben, unsere Rolle erfordere es, daß wir uns immer nur um die Bedürfnisse anderer kümmern.

Brüste sind natürlich das Symbol der Weiblichkeit. Durch die linke Brust drücken wir unsere Gefühle hinsichtlich unseres Frauseins, unseren Rollen als Ehefrau oder Mutter aus und unseren Schmerz darüber, daß unsere Bedürfnisse in diesen Bereichen nicht erfüllt werden. Durch die rechte Brust drücken wir Konflikte hinsichtlich unserer gesellschaftlichen Rolle als Frau aus.

Das Herz

Wenn unser Herz offen ist, vergeben wir anderen schnell die Beleidigungen und Verletzungen, die sie uns zugefügt haben, und sind für die Freuden des Lebens offen. Aber wenn wir uns an alten Schmerzen festklammern und unser Herz verhärten und verschließen, schaffen wir die Voraussetzungen für einen Herzanfall. Angina weist darauf hin, daß wir unser Herz aus Schmerz zusammenpressen oder weil wir glauben, es sei gefährlich, geliebt zu werden. Erhöhter Blutdruck zeigt, daß wir noch unter emotionalem Druck aus der Vergangenheit stehen oder daß wir uns ungeliebt fühlen und uns nach mehr Liebe sehnen.

1 Welche Erscheinung präsentieren Sie der Öffentlichkeit? Ist Ihr Brustkorb geschwellt (tapferer Held), oder ist er eingesunken (Unfähigkeit, Gefühle auszudrücken)?

____

2 Warum haben Sie sich für diese bestimmte Form des Schutzes entschieden? Welche Angst liegt dem zugrunde?

____

3 Haben Sie körperliche Probleme im Oberkörper? Schließen Sie die Augen, und hören Sie zu, was der betreffende Bereich Ihres Körpers Ihnen sagen möchte. Wie können Sie ihm helfen, sich besser zu fühlen?

____

Visualisierungsübung, um das Herz zu heilen

Diese Übung richtet Ihre Aufmerksamkeit auf das Herzzentrum und trägt dazu bei, daß es sich öffnet. Dabei spielt es keine Rolle, ob Sie Herzbeschwerden haben oder nicht.

Schließen Sie die Augen, und entspannen Sie sich. Ihre Augenlider werden schwer und fühlen sich wohlig warm an. Atmen Sie tief und rhythmisch.

Sobald Sie entspannt sind, stellen Sie sich vor, daß Ihr Herz aus dem Körper genommen wurde und vor Ihnen liegt. Sehen Sie irgend etwas, das auf Ihrem Herzen lastet, wie zum Beispiel Stacheldraht, eine Hand oder einen Zaun? Ist dem so, dann tun Sie alles, was erforderlich ist, um das Problem zu beseitigen. Lassen Sie sich so viel Zeit wie nötig, um es gründlich zu tun.

Wie groß ist Ihr Herz? Welche Farbe hat es? Wie fühlt es sich an?

In Ihrer Hand befindet sich ein kleiner goldener Schlüssel. Wenn Sie genau hinsehen, werden Sie an einer Seite des Herzens eine kleine Tür entdecken. Stecken Sie den Schlüssel ins Schloß, und öffnen Sie die Tür.

Begeben Sie sich ins Innere Ihres Herzens. Wenn es nötig sein sollte, schalten Sie das Licht an, oder öffnen Sie ein Fenster, damit Sie genug sehen können. Tun Sie, was immer nötig ist, um das Herz zu öffnen und es zu reinigen. Vielleicht müssen die Wände gewaschen oder gestrichen werden.

Sorgen Sie dafür, daß es im Herzen warm und gemütlich ist. Sie können dies auf symbolische Weise tun, indem Sie es möblieren oder Blumen, schöne Dinge und Kerzen hineinstellen, Musik anmachen oder ein Kaminfeuer entzünden oder andere Dinge tun, die Ihnen einfallen.

Wenn das Herz offen, sauber, warm und gemütlich ist, gehen Sie zur Tür, und laden Sie andere Menschen ein einzutreten. Begrüßen Sie sie herzlich.

Gestatten Sie den Leuten, zu kommen und zu gehen, wie es ihnen gefällt. Merken Sie, daß andere Menschen gerne zu Ihnen kommen, wenn Ihr Herz offen ist und sie willkommen heißt? Merken Sie auch, daß Sie sie gerne hinein- und auch wieder hinauslassen?

Wenn Sie die Übung beendet haben, legen Sie das Herz zurück in die Brust. Lassen Sie aber die Tür offen, damit sich die Liebe im ganzen Körper ausbreiten kann.

Schreiben Sie hier auf, was Sie während dieser Übung erlebt haben. Zeichnen Sie ein offenes Herz, das alle willkommen heißt.

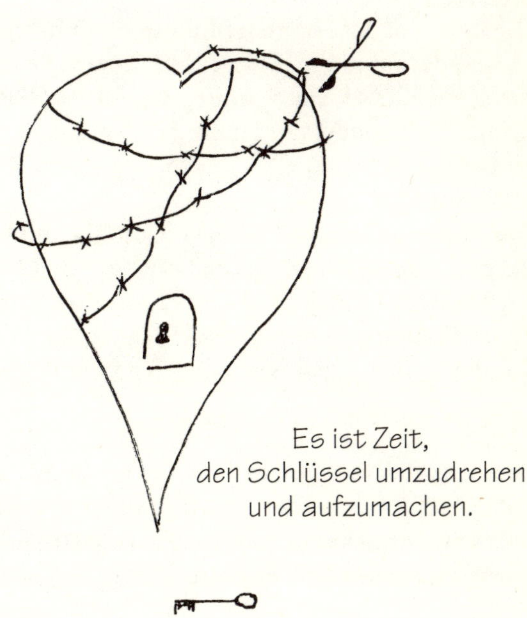

Der Solarplexus

In diesem Bereich liegen unsere Instinkte, unser Mut, unser Selbstwertgefühl und unsere Selbstsicherheit. Hier ist das Zentrum unserer persönlichen Macht.

Wenn wir schlafen, verläßt die Seele den Körper durch diese Stelle, und wenn sie aus irgendeinem Grund Schwierigkeiten hat zurückzukommen, fühlen wir uns schlecht oder sind verwirrt, bis wir uns wieder in unsere Körperlichkeit hinein entspannt haben.

Der Magen

In diesem Bereich verdauen wir auch Bewußtseinsnahrung, das heißt Eindrücke, Gedanken, Ideen. Wie verdauen wir die Umstände unseres Lebens? Wenn uns schlecht wird, gibt es dann etwas, das wir nicht verdauen können? Vielleicht können wir den Gedanken, daß in unserem Leben etwas Bestimmtes geschehen soll, nicht verdauen?

Fehlt uns Liebe, versuchen wir die Leere durch Liebesersatz zu füllen, indem wir uns mit Nahrung vollstopfen – besonders mit Zucker. Dies ist die Grundlage der Fettleibigkeit. Magersucht – das Gegenteil – entsteht, wenn wir versuchen, das Gefühl, nicht geliebt zu werden, dadurch unter Kontrolle zu bringen, daß wir keine Nahrung (Liebe) in uns hineinlassen. Bulimie wird von einem Gefühl der Verzweiflung begleitet. Unser Selbstwertgefühl und Selbstvertrauen ist so gering, daß wir anfangen, uns selbst zu hassen. Zuerst stopfen wir uns voll, und dann bestrafen wir uns, indem wir erbrechen. Aber eigentlich schreien wir laut hinaus, daß wir geliebt, genährt und akzeptiert werden möchten.

Bei einem Magengeschwür sollten wir uns fragen, was an uns nagt. Groll, Schmerz, negative Gedanken?

Die Gallenblase

Bei Problemen in diesem Bereich fühlen wir uns meistens ungeliebt oder nicht ausreichend geschätzt. Unterdrücken wir unsere Bitterkeit und unseren Groll, werden diese sich schließlich in Form eines Gallensteins kristallisieren.

Die Leber

Die Leber ist der Sitz tiefer Emotionen und einer ganz primitiven Wut. Probleme in diesem Bereich weisen darauf hin, daß die Leber allzu viele negative Gefühle zu verarbeiten hat und damit nicht mehr fertig wird. Dann sollten wir lernen, uns zu entspannen und mehr Harmonie in unser Leben bringen – besonders in unsere Beziehungen.

Die Nieren

Die Nieren filtern und reinigen Gefühle und Gedanken. Das, was wir nicht länger brauchen, wird durch sie ausgeschieden. Probleme mit den Nieren deuten darauf hin, daß wir uns an alten emotionalen Mustern festhalten. Alter Schmerz und alte Wutgefühle, die wir niemals ausdrücken konnten, kristallisieren sich hier und werden zu Nierensteinen. Wenn wir sie ausscheiden, ist es uns zumindest auf dieser Ebene gelungen, den Schmerz loszulassen.

Die Blase

Die Aufgabe der Blase ist es, alte Emotionen auszuscheiden. Probleme in diesem Bereich weisen darauf hin, daß wir uns an alten Gefühlen festhalten. Blasenentzündungen entstehen häufig, wenn wir unserem Partner gegenüber negative Gefühle hegen oder uns an tiefsitzende Ängste klammern, die wir nicht ausdrücken können.

1 Der Solarplexus hat viel mit der Anhaftung an alte, negative Emotionen zu tun. Auch Süchte und emotionales Suchtverhalten haben ihre Wurzeln hier. Übermäßiges Essen, zuviel Sex, Alkohol oder Arbeit, zwanghafter Konsum, ständiges Reden, exzessive Fitneß- oder Spielleidenschaft sind Verhaltensweisen, die verhindern sollen, daß Gefühle an die Oberfläche kommen. Wenn wir glauben, daß wir nicht sicher oder nicht gut genug sind, werden wir alles tun, um unangenehme Gefühle von uns fernzuhalten.

Werden Sie sich darüber bewußt, was Sie auf exzessive Weise tun. Fällt Ihnen zum Beispiel auf, daß Sie zwanghaft reden, bemühen Sie sich, damit aufzuhören, und lassen Sie zu, daß auch unangenehme Gefühle auftauchen. Zensieren Sie die begleitenden Gedanken nicht, sondern akzeptieren Sie sie. Schreiben Sie sie hier auf:

___

2 Schreiben Sie für jeden negativen Gedanken, der aufgetaucht ist, einen positiven auf, um dem negativen entgegenzuwirken.

___

Der Unterleib

Der Darm

Aufgabe des Darms ist es, alte Ideen, Konzepte, Denkmuster und Glaubenssätze auszuscheiden. Immer wenn wir uns unsicher fühlen, versuchen wir, das Leben zu kontrollieren. Also klammern wir uns an alte Sorgen und Probleme. Wenn wir nicht vergeben und vergessen können, weil wir Angst vor Veränderung haben, werden wir verstopft.

Durchfall weist darauf hin, daß wir bestimmte Dinge schnell loswerden wollen, ohne sie uns näher anzuschauen und aus ihnen zu lernen. Es kann auch sein, daß wir Angst vor etwas haben und davonlaufen möchten.

Die Hüften

Durch die Hüften drücken wir Beweglichkeit, Anpassungsfähigkeit und damit Freiheit aus. Alte Menschen, die nicht wissen, wie es mit ihnen weitergehen soll, fallen oft hin und brechen sich die Hüfte.

Die Gebärmutter

Die Gebärmutter ist der innere Kernbereich des weiblichen Wesens, aus dem neues Leben entspringt. Dies ist ein Bereich, in dem Neues entsteht. Deshalb nisten sich hier auch neue kreative Ideen ein und entwickeln sich.

Probleme in diesem Bereich weisen auf Ängste vor dem Neuen hin. Haben wir Angst vor Schwangerschaft und Geburt? Werden wir eine gute Mutter sein? Wollen wir uns wirklich mit Kindern, einem neuen Beruf oder einer neuen Idee belasten? Fühlen wir uns überflüssig, wenn die Kinder erwachsen werden? Was wird uns das Leben dann bringen?

Die Vagina

Die Vagina ist der Kanal der Kreativität, durch den ein neuer Same gesät wird. Probleme in diesem Bereich entstehen dann, wenn unsere Kreativität blockiert ist oder wenn wir Sex emotional ablehnen. Eine Scheidenentzündung weist auf versteckte Wut auf den Partner, Schuldgefühle hinsichtlich der eigenen Sexualität, Furcht vor dem Ausgeliefertsein oder Angst vor zu großer Nähe hin.

Die Prostata

Die Prostata ist natürlich eng mit den sexuellen Fähigkeiten verbunden, und sexuelle Potenz hat mit Selbstvertrauen und persönlicher Macht zu tun. Viele Männer, die älter werden, haben Angst, Ihre Potenz zu verlieren. Wer sind sie dann noch, und wozu sind sie dann noch da? Da Männer heute länger leben und länger Rentner sind, sind sie in bezug auf ihre neue Rolle verunsichert. Sie leiden unter der Angst, nicht nur sexuell impotent zu werden, sondern auch im Geschäftsleben und in der Familie.

Die Hoden

In den Hoden sind die heimlichen sexuellen Ängste des Mannes verborgen. Viele Männer haben Angst davor, ihre sexuelle Potenz und ihre Männlichkeit zu verlieren.

1 An welchen Gefühlen, Emotionen oder materiellen Dingen halten Sie fest?

2 In welchen Bereichen sollten Sie lernen zu vergeben?

---

3 Schreiben Sie hier alles auf, was Sie je über die böse, böse Welt gehört haben.

---

4 Schreiben Sie alle Verbote auf, die Sie je über Sex gehört haben.

---

5 Kopieren Sie diese Seite. Dann zerreißen Sie sie in kleinste Stücke, verbrennen sie oder schmeißen sie in den Müll.

Phantasiereise, um Hemmungen abzubauen

Nehmen Sie sich Zeit, und finden Sie einen geeigneten Ort für diese Übung. Schließen sie einen Augenblick lang die Augen, und stellen Sie sich vor, Sie hätten alle Hemmungen und Ängste über Bord geworfen. Erlauben Sie sich, sich auf kreative Weise auszumalen, wie Ihr Leben dann wäre. Stellen Sie sich vor, was für neue und erstaunliche Erfahrungen dann auf Sie zukommen würden.

1 Hat Ihnen diese befreiende Phantasie Freude gemacht? Wie fühlt sich Ihr Körper an? Ist er angespannt oder entspannt? Wenn er sich eng anfühlt und angespannt ist, fragen Sie sich, was Sie tun können, um die Angst zu heilen. Wenn er sich befreit und entspannt fühlt, überlegen Sie sich, auf welche Weise Sie Ihr Leben ändern können. Schreiben Sie hier auf, was Ihnen dazu einfällt:

---

2 Zeichnen Sie ein Bild Ihres befreiten Selbst.

Beine und Füße

Auf unseren Beinen stehen wir. Sind sie stark, können wir für unsere Rechte einstehen. Dann haben wir die Kraft, unseren Zielen Schritt für Schritt entgegenzugehen. Sind sie aber schwach, haben wir das Gefühl, kein Standbein zu haben oder kein Bein auf den Boden zu bekommen. Wenn wir uns immer wieder an den Beinen verletzen, fühlen wir uns möglicherweise behindert oder merken, daß wir in die falsche Richtung gehen. Es ist aber auch möglich, daß wir jemanden treten oder vor etwas davonlaufen möchten.

Die Oberschenkel

Die Oberschenkel sollen unsere Sexualität schützen, unser Wesen als Mann oder Frau. In diesem Bereich sitzen auch starke Emotionen aus der Vergangenheit und tiefe Ängste.

Die Knie

Vor einer höheren Macht beugen wir in einem Akt der Unterwerfung das Knie. Probleme im Kniebereich können Hinweise auf Widerstand in dieser Richtung liefern, mit anderen Worten anzeigen, daß wir starrsinnig, nicht demütig genug oder unbeweglich sind. Knieprobleme weisen häufig auf die starrköpfige Weigerung hin, Autorität anzuerkennen.

Sind wir aber andererseits zu schnell bereit, niederzuknien und uns zu unterwerfen, drückt sich hierin die Angst vor Autorität aus oder die allgemeine Angst, sich mit jemandem auseinanderzusetzen. Wenn wir Angst haben, wackeln uns die Knie.

Die Knöchel

Die Knöchel stützen uns und erlauben es uns dank ihrer Beweglichkeit, in jede gewünschte Richtung zu gehen. Geschwollene, verstauchte oder verdrehte Fußgelenke deuten darauf hin, daß wir uns nicht ausreichend unterstützt fühlen. Möglich, daß wir eine neue Richtung einschlagen müssen und glauben, dies ohne Unterstützung nicht tun zu können. Ein gebrochener Knöchel weist auf einen noch tiefgehenderen Konflikt in bezug auf die Richtung hin, die wir einschlagen sollen. Dies ist besonders dann der Fall, wenn uns die Unterstützung entzogen wird.

Die Füsse

Die Füße sind unser Fundament. Wenn wir auf eigenen Füßen stehen, sind wir unabhängig und fühlen uns sicher. Dann können wir auch mal mit dem Fuß aufstampfen. Kalte Füße zeigen an – wie das Sprichwort sagt –, daß wir Angst haben weiterzugehen. Probleme mit den Füßen weisen immer darauf hin, daß wir uns abhängig fühlen und uns nicht sicher sind, welche Richtung wir einschlagen sollen.

Die Hacken

Wer hat Ihnen in die Hacken getreten? Auf wem möchten Sie herumhacken? Die Achillesferse ist ein natürlicher Schwachpunkt, deshalb sollten Sie sich fragen, in welcher Hinsicht Sie sich verletzlich fühlen.

Die Zehen

Die Zehen weisen auf Kleinigkeiten hin. Wissen wir, wie wir mit den kleinen Dingen des Lebens umzugehen haben? Mit den Zehen können wir unsere Balance halten. Hauen uns schon die kleinsten Sachen um? Ist Ihnen jemand auf die Zehen getreten? Womit möchten Sie sich nicht näher befassen?

1 Benennen Sie Ihr Lebensziel, ein kurzfristiges Ziel (sechs Monate), ein langfristiges Ziel (fünf Jahre).

Lebensziel:

Kurzfristiges Ziel:

Langfristiges Ziel:

2 Was sagen Ihre Beine, Knie, Knöchel und Füße darüber aus, wie Sie Ihre Ziele erreichen? Kriechen, gehen, laufen, tanzen oder spurten Sie ihnen entgegen? Werden Sie dabei unterstützt? Haben Sie die richtige Richtung eingeschlagen? Macht Ihnen die Reise Spaß?
Schreiben Sie alles auf, was Ihnen dazu einfällt.

---

3 Um Ihrem Unterbewußtsein einzuprägen, daß Sie jetzt bereit sind, direkt auf Ihre Ziele zuzugehen, zeichnen Sie Ihr Ziel und dann sich selbst, wie Sie auf es zugehen.

Den Körper in Besitz nehmen

In der Kindheit geschieht es häufig, daß wir einen Teil unseres Körpers symbolisch abgeben, weil wir entweder keine Verantwortung dafür übernehmen wollen oder glauben, er gehöre jemand anderem. Aber wenn wir einen Teil des Körpers weggeben, verlieren wir den Kontakt mit ihm. Häufig möchten wir ihn sogar zerstören, da er uns wie ein Fremdkörper vorkommt.

Wenn uns unsere Eltern beispielsweise einem zwanghaften Reinlichkeitstraining unterworfen haben, geben wir die Verantwortung für Blase und Darm an sie ab. Als Folge werden wir die Botschaften dieser Körperteile ignorieren und zum Beispiel den Darminhalt festhalten, bis wir verstopft sind, oder ständig zur Toilette rennen oder die Blase nur halb leeren, was natürlich zu Problemen führt.

In Familien mit emotionalen Problemen, in denen das Essen eine wichtige Rolle spielt, bekommt ein Kind wahrscheinlich das Gefühl, seine Eltern kontrollieren seine Gefühle und damit seinen Magen. Also weigert es sich, bestimmte Dinge zu essen, oder ißt zuviel oder zuwenig, zu schnell oder zu langsam. Unbewußt versucht es gegen seine Mutter zu protestieren, weil Nahrung und Gefühle so untrennbar miteinander verbunden sind. Manche Erwachsene zwingen sich immer noch, ihren Teller leer zu essen, ob sie es wollen oder nicht. Bei anderen Dingen können sie »nein« sagen, aber nicht beim Essen. Andere Menschen wiederum müssen immer etwas übriglassen.

Viele von uns haben so sehr den Kontakt mit dem Magen verloren, daß sie nicht spüren, wann sie hungrig sind. Manche können es nicht einmal zulassen, überhaupt hungrig zu werden.

Vielen von uns wurden in der Kindheit so viele sexuelle Verbote auferlegt, daß sie gewissermaßen vor ihren Geschlechtsorganen Vorhängeschlösser angebracht und den Schlüssel weggeworfen oder den Eltern ausgehändigt haben. Als Folge werden wir als Erwachsene unsere Sexualität unterdrücken oder uns selbst abwerten, indem wir aus einem Minderwertigkeitsgefühl heraus wahllos sexuelle Beziehungen eingehen.

Gehört das Haar des kleinen Mädchens seinem Vater und symbolisieren die langen goldenen Locken seine Liebe zu ihr, wird es ihr schwerfallen, sich die Haare wieder anzueignen und sie schneiden zu lassen.

Wir müssen aber den Besitzanspruch auf den eigenen Körper bekräftigen – ganz gleich, welchen Teil wir weggegeben haben – und die Verantwortung dafür übernehmen.

Jede Krankheit wird von bestimmten körperlichen Empfindungen begleitet, die uns Hinweise auf die Ursache des Problems liefern können. Am wirksamsten ist es, sich auf den betroffenen Körperteil zu konzentrieren und zuzuhören, was uns die Empfindungen sagen möchten.

1 Wenn Sie in Ihrer Beweglichkeit behindert sind: Wodurch fühlen Sie sich gelähmt? Durch Wut, Angst, Eifersucht, Schmerz?

____

2 Wenn Sie sich vor Sehnsucht verzehren: Wonach sehnen Sie sich? Was bereitet Ihnen Schmerz? Einsamkeit, innere Leere oder etwas anderes? Was müssen Sie tun, um den schmerzenden Körperteil zufriedenzustellen? Von wem möchten Sie in den Arm genommen werden?

____

3 Wenn Sie eine sehr schmerzhafte Krankheit haben, wie würden Sie den Schmerz beschreiben? Wenn es ein stechender Schmerz ist, wer sticht dann auf Sie ein? Womit? Haben Sie das Gefühl, jemand traktiere Sie mit einem glühenden Brandeisen? Wer tut das? Lassen Sie zu diesen Themen Bilder aus dem Unterbewußtsein aufsteigen.

____

4 Wenn Sie eine Infektion oder Entzündung haben: Ist die betreffende Stelle heiß? Wie würden Sie die Hitze beschreiben? Brennt es in Ihnen? Kocht etwas über? Schäumen Sie vor Wut? Haben Sie sich die Finger an etwas verbrannt? Fängt etwas Feuer? Was brauchen Sie, um sich zu heilen?

____

5 Wird die Krankheit von einem Gefühl der Kälte begleitet? Ist sie kühl, kalt oder eiskalt? Fühlt sie sich an wie Nieselregen, ein Schneesturm oder Eisregen?

6 Wenn Sie Allergien haben, auf wen oder was reagieren Sie allergisch?

Visualisierungsübung, um den Körper zu heilen

Suchen Sie sich einen ruhigen Ort, an dem Sie etwa eine halbe Stunde lang ungestört sein können.

Schließen Sie die Augen, und entspannen Sie sich. Atmen Sie tief ein und aus, und lassen Sie los. Spüren Sie, wie sich Ihr Gesicht mit der Ausatmung entspannt. Entspannen Sie Stirn, Augen, Wangen, Nase und Unterkiefer. Entspannen Sie dann mit der Ausatmung den ganzen Körper – erst die Vorderseite, dann den Rücken, die Arme und Beine. Spüren Sie, wie Sie anfangen zu schweben und wie sich die Sorgen des Alltags einfach auflösen. Sie sind jetzt nicht wichtig.

Stellen Sie sich vor, daß Sie sehr klein werden. Sie werden so klein, daß Sie durch den Mund in Ihren Körper spazieren können. Fühlen Sie einen Augenblick lang, wie es ist, so klein zu sein und sich in Ihrem Mund aufzuhalten. Was fühlen Sie?

Nun können Sie sich in jeden Teil des Körpers begeben, den Sie erforschen möchten. Gehen Sie dorthin, wo Sie ein Problem haben. Nähern Sie sich ihm behutsam, und spüren Sie beim Näherkommen, wie es sich anfühlt. Ist es heiß, kochend, kalt, trocken oder sumpfig? Ist die Blutzufuhr eingeschränkt, oder fließt das Blut zu schnell? Erforschen Sie diesen Körperteil gründlich, bis Sie verstehen, wie er sich fühlt.

Was braucht er, um geheilt zu werden? Gibt es etwas oder jemanden, mit dem Sie sich auseinandersetzen müssen?

Stellen Sie sich auf kreative Weise vor, wie Sie diesen Körperteil heilen. Holen Sie sich jede Hilfe, die Sie dazu benötigen.

Wenn dieser Körperteil vollkommen geheilt ist, überlegen Sie sich, wie Sie Ihr Leben anders gestalten können, damit er gesund bleibt. Sehen Sie vor Ihrem geistigen Auge, wie Sie ein anderes Leben führen.

Wenn sich dieser Teil des Körpers wohl und frei fühlt, gehen Sie weiter, und wiederholen Sie die Übung mit einem anderen Körperteil.

Schreiben Sie hier auf, was Sie während dieser Übung erlebt haben.

Eine Karte des Körpers

Zeichnen Sie ein Bild Ihres Körpers. Wenn ein Freund oder eine Freundin dazu bereit ist und Sie ein großes Stück Papier haben, ist es noch besser, sich hinzulegen und die Umrisse Ihres Körpers abzeichnen zu lassen. Lassen Sie sich Zeit, die Karte auszufüllen, während Sie die folgenden Fragen beantworten:

Wie sieht Ihr Herz aus? Wie groß ist es? Wie stark? Wie glücklich? Was möchte es Ihnen sagen?

Wie sieht Ihre Leber aus? Welche Farbe hat sie? Welche Art von Wut hält sich hier verborgen?

Ist Ihr Körper irgendwo steif? Blockiert?

Gehört ein Körperteil jemand anderem? Wenn Sie Organprobleme haben, fragen Sie sich, wem sie gehören.

Vergiften Drogen oder Nahrung Sie?

Zeichnen Sie ein, wo Sie ein Trauma erlitten haben.

Markieren Sie die Problemzonen des Körpers. Wen wollen Sie mit Ihrem Problem bestrafen? Was springt für Sie dabei heraus? Trägt das Problem dazu bei, daß Sie sich selbst gegenüber eine negative Einstellung haben? Hält es Sie davon ab, etwas zu tun? Was geschah in den zwei Jahren, bevor das Problem auftauchte?

Wo im Körper befindet sich Ihre Energie jetzt? Stehen Ihre Füße fest auf dem Boden?

Wo im Körper befinden sich Schuldgefühle? Wie stark sind sie?

Wie groß ist Ihre Wut? Wo hat sie sich versteckt?

Wo in Ihrem Körper leben Ihre Eltern? Wieviel Platz nehmen sie ein?

Sprechen Sie mit Ihrer Sexualität. Ist sie frei oder eingesperrt? Wer oder was blockiert sie? Wer bestimmt über sie?

Sprechen Sie mit Ihrer Kreativität. Was ist ihr zugestoßen? Wenn sie sich nicht frei entfalten kann, überlegen Sie sich, wo sie eingesperrt ist und wie Sie sie befreien können.

Sprechen Sie mit dem Streß, der Angst, dem Haß, den Schuldgefühlen, der Eifersucht, dem Erfolg, dem Versagen und der Liebe, und fügen Sie sie alle mit einer eigenen Farbe, einer bestimmten Form oder einem Symbol in die Karte ein.

Registrieren Sie alle Gedanken, die auftauchen. Diese Übung ist nur der Anfang. Sie wird der Auslöser dafür sein, daß Ihnen immer mehr Dinge bewußt werden. Werden Sie sich darüber klar, was geheilt werden muß, und leiten Sie behutsam und liebevoll die dafür nötigen Schritte ein.

Zeichnen Sie eine Karte Ihres Körpers.

Zeichnungen

Spontanes Zeichnen

Wie die Handschrift, so sagt auch das spontane Zeichnen eine Menge über uns aus. Wir müssen nur lernen, die auftauchenden Informationen zu übersetzen und in unserem Bewußtsein zu verankern.

Farben drücken Gefühle aus. Hellsichtige Menschen beschreiben immer wieder, daß die Farben der Aura Gefühle widerspiegeln. Daher ist es bedeutsam, welche Farben wir wählen. Auf die Bedeutung der einzelnen Farben wird auf den Seiten 161–164 eingegangen.

Ich schlage vor, daß Sie zuerst malen und anschließend die Bedeutung der Farben nachschlagen. Seien Sie sich darüber im klaren, daß während des Malens im Bewußtsein einiges vor sich geht.

Malen Sie einen Baum. Bevor Sie anfangen, verdecken Sie aber den Rest dieser Seite. Nach dem Malen beantworten Sie dann bitte die folgenden Fragen.

Sie haben sich selbst gezeichnet. Der Baum symbolisiert Ihr Leben.

Haben Sie Wurzeln? Reichen sie tief genug, um Nahrung aufnehmen zu können? Sind sie stark genug, um Sie zu stützen? Wenn nicht, fragen Sie sich, wie Sie Unterstützung bekommen können – durch neue Freunde, eine Gruppe Gleichgesinnter, neue Interessen?

Blühen Sie? Haben Sie Blätter, oder sind Sie ein Nadelbaum? Tragen Sie Früchte, oder sind Sie kahl?

Sind Ihre Äste stark?

Sind Sie beweglich und anmutig oder dornig und steif?

Leben Vögel oder andere Tiere in oder auf Ihnen?

Gewähren Sie jemandem Schutz?

Stehen Sie in der Sonne oder im Schatten?

Wachsen Sie gerade empor, oder lehnen Sie nach links oder nach rechts?

Sind Sie fest verwurzelt, oder schweben Sie über dem Boden?

Stehen Sie allein, oder sind Sie von anderen Bäumen umgeben?

Haben Sie genug Platz? Wenn Sie das Gefühl haben, Sie müßten eigentlich über das Blatt hinaus zeichnen, weist das darauf hin, daß in Ihnen ein Potential vorhanden ist, das Sie im Augenblick nicht nutzen.

Was für ein Baum wären Sie gerne? Wenn Sie möchten, können Sie den Baum jetzt anders zeichnen, um Ihrem Unbewußten die klare Botschaft zu senden, daß Sie bereit sind, sich zu ändern.

Zeichnen Sie ein Haus

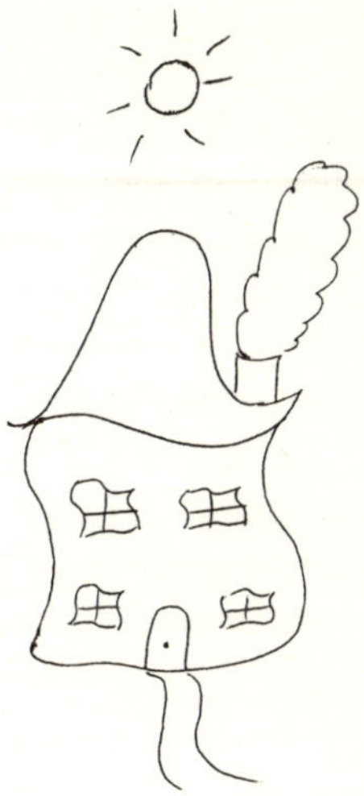

Zeichnen Sie ein Haus. Das Haus ist ein Symbol für Sie selbst. Es symbolisiert, wer Sie sind, ob Sie offen sind, ob Sie ungenutztes Potential besitzen und wie Sie sich dem Leben gegenüber fühlen.

Decken Sie die untenstehenden Fragen zunächst zu, und schauen Sie sie erst nach Beendigung der Zeichnung an.

Nehmen Sie einmal an, Sie wären das Haus und hätten sich selbst gezeichnet.

Befinden Sie sich in der Mitte des Blattes oder weiter oben? Haben Sie sich auf die rechte Seite plaziert? Rechts ist die männliche Seite, der denkende, intellektuelle, karrierebewußte, handelnde Teil Ihres Wesens. Oder befinden Sie sich links auf dem Blatt? Links ist die weibliche Seite, der passive, nährende, heilende, fühlende, intuitive Teil Ihres Wesens – und die Vergangenheit.

Sind Sie gerade und ausgewogen oder schief?

Sind Sie normal oder außergewöhnlich? Wenn Sie sich außergewöhnlich finden, fragen Sie sich, was an Ihnen so außergewöhnlich ist.

Stehen Sie auf einem starken Fundament?

Sind Sie groß oder klein? Dies könnte auf Ihren Körper oder Ihr Bewußtsein hinweisen.

Haben Sie viele Zimmer? Haben Sie ein großes Potential?

Sind Ihre Fenster und Türen offen oder geschlossen? Sind sie groß oder klein? Sind Sie ein offener oder ein verschlossener Mensch?

Stehen Sie in der Sonne oder im Schatten? Sonne bedeutet, daß Sie glücklich sind und geschätzt werden. Wenn Sie sich dagegen im Schatten oder unter einer Wolke befinden, fragen Sie sich, in welchen Bereichen Sie unglücklich sind und nicht geschätzt werden.

Stehen Sie allein, oder sind Sie von anderen Häusern umgeben? Fühlen sie sich eingeengt, isoliert oder gerade richtig?

Existiert um Sie herum Leben?

Wer lebt in Ihnen? Wenn Sie es nicht sind, wer ist es dann? Hat die betreffende Person Ihr Leben an sich gerissen? Auf welche Weise übt dieser andere Mensch Einfluß auf Sie aus?

Wen möchten Sie in ihrem Haus willkommen heißen?

Gibt es ungewöhnliche Details, die Sie näher erforschen möchten?

Gibt es etwas, das Sie ändern möchten?

Zeichnen Sie sich selbst

Zeichnen Sie sich selbst. Das Bild muß nicht künstlerischen Ansprüchen genügen, es kann auch eine Strichfigur sein, wenn Sie nicht zeichnen können. Decken Sie die nachfolgenden Fragen zunächst zu, und schauen Sie sie erst an, wenn Sie mit Ihrem Selbstporträt fertig sind.

Haben Sie sich in der Bildmitte plaziert oder weiter oben mitten in die Luft (ohne Bodenhaftung)?

Ist Ihr Bild mehr auf der rechten Seite (Zukunft, männlich) oder auf der linken (Vergangenheit, weiblich)? Welche Stimmung drückt das Bild aus? Wenn Sie sich sehr gerade und steif gezeichnet haben, fragen Sie sich, wie Sie mehr Freiheit in Ihr Leben bringen und mehr Spaß haben können. Wenn Sie klein und verängstigt sind, fragen Sie sich, wie Sie Hilfe bekommen können.

Blockierungen im Halsbereich werden durch Krawatten, Halsketten und hochgeschlossene Kleider symbolisiert und weisen darauf hin, daß Sie lernen müssen, Ihre Gefühle auszudrücken.

Die Taille symbolisiert die Sexualität. Wenn Sie hier enge Gürtel oder Knöpfe gezeichnet haben, sollten Sie nach einem Weg suchen, sich mehr zu öffnen.

Ein Bereich, den wir besonders betonen, weist auf starke Energie hin. Wenn Sie den Nacken mit besonders dicken Strichen gezeichnet haben, leiden Sie wahrscheinlich unter Nackenschmerzen und sind in einer bestimmten Angelegenheit rigide. Die Betonung der Körpermitte zeigt an, daß Sie Ihre Gefühle unter Verschluß halten; die Betonung des Kiefers deutet auf unterdrückte Wut hin.

Ein großer Kopf weist darauf hin, daß Sie viel denken. Ihr Haar repräsentiert Ihre Gedanken. Ist es wild oder glatt, ordentlich oder durcheinander? Haben Sie sich Augen gezeichnet? Wenn nicht, fragen Sie sich, was Sie nicht sehen. Erkennen Sie Ihre eigenen Bedürfnisse? Haben Sie Ohren gezeichnet? Wenn nicht, was hören Sie nicht? Hören Sie auf Ihre Bedürfnisse? Haben Sie einen offenen Mund? Reden Sie zuviel, oder sind Sie eher verschlossen?

Ein langer Hals weist darauf hin, daß Sie sich möglicherweise von Ihren Gefühlen abgeschnitten haben; das Fehlen des Halses zeigt an, daß es Ihnen schwerfällt, Gedanken und Gefühle miteinander in Einklang zu bringen. Sind Ihre Schultern breit und bereit, Verantwortung zu tragen? Oder sind sie so gerundet, daß alles davon abrutscht? Sind Ihre Arme anmutig und offen oder steif? Wirken Ihre Brüste oder Ihr Brustkorb nährend, aufbauend? Sind Ihre Hüften breit oder schmal? Sind Ihre Beine fest und stark oder so dünn, daß Sie kaum auf Ihnen stehen können? Sollten Sie um mehr emotionale Unterstützung bitten? Zeigen Ihre Füße in verschiedene Richtungen? Wenn ja, fragen Sie sich, in was für einem Konflikt Sie sich befinden. Sind die Füße groß genug, um auf ihnen zu stehen?

Finden Sie heraus, was Ihnen Ihr Selbstporträt über Sie verrät, und entscheiden Sie dann, wie Sie damit umgehen.

Zeichnen Sie Ihre Eltern

Zeichnen Sie Ihre Eltern, ohne sich die nachfolgenden Fragen vorher anzuschauen. Lesen Sie die Fragen erst, wenn Sie fertig sind. Sie werden Ihnen helfen, die Zeichnung zu interpretieren.

Sie haben eine unbewußte Interpretation Ihrer Gefühle gegenüber Ihren Eltern gezeichnet. Da Sie als Erwachsener Ihre Eltern längst verinnerlicht haben, stellt die Zeichnung Ihre inneren Eltern dar. Das Bild symbolisiert auch, wie Sie sich um sich selbst kümmern, und zeigt an, wie Ihre männlichen und weiblichen Energien zusammenarbeiten.

Ist ein Elternteil dominanter als der andere? Wenn ja, welcher? Wenn es der Vater ist, fragen Sie sich, in welcher Weise Ihre männliche Energie dominant ist. Sind Sie zu rational? Zu stark oder zu aggressiv? Denken Sie zuviel? Sind Sie berechnend? Haben Sie nur Ihre Karriere im Kopf? Dominiert die Mutter, fragen Sie sich, in welcher Weise Sie zu weiblich sind? Sind Sie zu verträumt und meditieren ständig? Sind Sie sehr emotional und müssen sich um alle kümmern? Wie können Sie diese Tendenzen ins Gleichgewicht bringen? Es ist möglich, daß Ihre Mutter zu Hause die männliche Rolle eingenommen hat und Ihr Vater die weibliche. Wenn ein Elternteil schwach war, wie kann der entsprechende Teil von Ihnen gestärkt werden? Wenn ein Elternteil immer alles kontrollieren wollte, fragen Sie sich, auf welche Weise Sie jetzt Kontrolle über sich selbst ausüben.

Wie sehen Ihre Eltern aus? Sind sie glücklich, liebevoll, offen, heil und ausgeglichen? Oder wirken sie mürrisch, verklemmt, steif und unausgeglichen? Können Sie diese Gefühle auch in sich selbst entdecken? Was können Sie tun, um dies zu ändern? Können Sie mehr Dinge tun, die Ihnen Spaß machen oder die Ideen und Standpunkte anderer Menschen kennenlernen?

Haben Ihre inneren Eltern Augen, Ohren, Münder, Arme und so weiter? (Vergleichen Sie hierzu die vorangegangene Seite.) Mit anderen Worten: Hören und sehen Sie die Bedürfnisse Ihres inneren Kindes? Kümmern Sie sich genug um sich selbst? Fehlt ein Körperteil? Falls ja, wie wirkt sich das auf Sie aus? Ist ein Teil des Körpers überbetont? Wenn Sie beispielsweise die Mitte mit besonders kräftigen Strichen gezeichnet haben, fragen Sie sich, ob Sie Ihre Gefühle zurückhalten. Haben Sie Ihre Eltern ganz gezeichnet? Wenn nicht, verstehen Sie sie vielleicht nicht oder die Art und Weise, wie Sie von ihnen aufgezogen wurden. Das heißt aber auch, daß Sie nicht wissen, wie Sie sich um sich selbst kümmern sollen. Schauen Ihre Eltern sich an, oder blicken Sie in verschiedene Richtungen? Verhalten Sie sich auf diese Weise dem anderen Geschlecht gegenüber? Arbeiten Ihre männlichen und weiblichen Energien harmonisch zusammen, oder kämpfen sie gegeneinander?

Was würden Sie den inneren Eltern gerne sagen?

Wie können Sie sich selbst so stärken, daß Sie sich auf harmonische Weise um sich selbst kümmern können?

Zeichnen Sie Ihre Familie

Zeichnen Sie nun Ihre Familie, aber ohne die nachfolgenden Fragen vorher zu lesen. Zeichnen Sie Ihre Eltern, Brüder, Schwestern und andere wichtige Familienmitglieder, wie Sie sie mit sieben Jahren gesehen haben. (Geschwister, die mehr als sieben Jahre jünger sind als Sie, tauchen daher in diesem Bild nicht auf.)

Wenn Sie mit der Zeichnung fertig sind, schauen Sie sich Ihre Familie an, und spüren Sie die Grundstimmung des Bildes. Was braucht diese Familie? Spaß, Gelächter, Versöhnung oder Einheit? Brauchen Sie diese Dinge auch heute noch?

Haben Sie alle Personen auf derselben Ebene gezeichnet, oder haben Sie manche Familienmitglie-

der höher gestellt als andere? Was bedeutet das? In welcher Weise wurden diese Familienmitglieder anders behandelt, und wie hat sich das auf Sie ausgewirkt?

Bildet die Familie eine Einheit? Stehen einige Familienmitglieder eng beieinander, während andere abseits stehen? Werden die Eltern durch die Geschwister getrennt? Stehen die Eltern nebeneinander, während die Geschwister abseits stehen? Wie fühlen Sie sich innerhalb dieser Familie? Holen Sie sich auch heute noch diese Situation in die Erinnerung zurück?

Haben Sie jemanden besonders hervorgehoben? Was war Ihnen an dieser Person oder dieser Gruppe wichtig? Haben Sie bestimmte Körperteile betont? Haben Sie beispielsweise Ihre Mutter mit einem großen Mund gezeichnet (weil sie immer geredet hat)? Ist eine Person nicht in einem Stück gezeichnet (weil sie emotional oder körperlich zusammengebrochen ist)? Hat jemand ein Loch im Kopf (nicht ganz zurechnungsfähig)? Wie wirken sich diese Dinge heute auf Sie aus?

Gibt es in der Gruppe jemand, mit dem Sie bestimmte Dinge nie geklärt haben? Was brauchen Sie von dieser Person? Sprechen Sie mit der Zeichnung dieses Menschen, und klären Sie, was noch ungeklärt ist.

Wenn wir ein ungeklärtes Verhältnis zu einem Menschen haben, werden wir immer wieder Menschen anziehen, die uns dasselbe Gefühl wie die Person aus unserer Kindheit vermitteln. Mit wem müssen Sie noch etwas zum Abschluß bringen? Sprechen Sie jetzt mit diesem Menschen, damit Sie bekommen, was Sie brauchen.

Schauen Sie sich Ihre Zeichnung an. Welche Erinnerungen steigen dabei in Ihnen auf?

Zeichnen Sie Symbole

Alles hat eine symbolische Bedeutung. Bevor wir ein Symbol übersetzen, sollten wir uns zunächst die Frage stellen: »Was bedeutet es für mich?« Für einen Menschen bedeutet eine Biene Honig, für andere aber Sommer, Gefahr, Lärm, Störung oder Schmerz. Der entscheidende Faktor ist immer die persönliche Erfahrung.

Bestimmte Symbole haben aber eine universelle Bedeutung und können dementsprechend interpretiert werden. Wie ich bereits sagte, steht ein Haus für unser Bewußtsein und ein Baum für unser Leben.

Im Rahmen dieser Übung möchte ich, daß Sie sich aus der folgenden Liste sieben Symbole aussuchen, die Sie dann zeichnen: Baum, Haus, Fahrzeug, Gestalt, Sonne, Wasser, Blume, Zaun, Weg, Schmetterling, Tor und Tier. Lesen Sie erst weiter, wenn Sie mit dem Zeichnen fertig sind.

Wenn Sie die Zeichnungen fertiggestellt haben, achten Sie darauf, wo Sie die Symbole plaziert haben. Die rechte Seite repräsentiert die Zukunft, Ihr Ziel oder etwas, das Sie nicht ausdrücken können, während die linke Seite für die Vergangenheit steht, für Ihre Herkunft oder etwas, das Sie nicht loslassen können. Auf die linke Seite gehören auch alte Einstellungen und sich entwickelnde Talente. Auf einer anderen Ebene repräsentiert die linke Seite unsere weiblichen Aspekte und die rechte unsere männlichen.

Befinden sich leere Stellen auf dem Blatt? Eine große Leere auf der rechten Seite kann ein Hinweis darauf sein, daß Sie nicht wissen, wohin die Reise geht; auf der linken Seite oder unten kann es bedeuten, daß Sie sich nicht mit der Vergangenheit beschäftigen wollen. Ein leerer Raum in der Mitte kann bedeuten, daß Sie sich innerlich leer fühlen, daß etwas in Ihrem Leben erfüllt werden möchte.

Baum

Der Baum symbolisiert Ihr Leben. Ein kahler Baum auf der linken Seite kann darauf hinweisen, daß Sie Ihre Vergangenheit irgendwie als leblos empfinden, während ein kahler Baum auf der rechten andeutet, daß Sie für Ihre Zukunft schwarz sehen. Sie sollten sich auch überlegen, welche weiblichen oder männlichen Aspekte Ihrer Aufmerksamkeit bedürfen. Es ist natürlich auch möglich, daß Sie den Baum mit Früchten oder Blüten zeichnen. Trägt er Früchte und befindet sich rechts, deutet dies darauf hin, daß in Ihnen großes Potential vorhanden ist. Schlagen Sie bitte auf Seite 154 nach, um die Zeichnung des Baumes besser zu verstehen.

Haus

Das sind Sie; das ist Ihr Bewußtsein. Links plaziert, weist das Haus auf Ihre Vergangenheit hin oder auf eine Einstellung, die Sie ändern, oder auf ein Kindheitserlebnis, von dem Sie sich lösen. Rechts plaziert, verweist es auf ein neues Bewußtsein, das sich entwickelt. Um Einzelheiten zum besseren Verständnis Ihrer Zeichnungen zu erhalten, schlagen Sie bitte auf Seite 155 nach.

Fahrzeuge

Fahrzeuge symbolisieren, wie Sie sich durchs Leben bewegen. Kommen Sie schnell oder langsam voran? Ein Flugzeug oder ein Rennwagen würden darauf hinweisen, daß Sie sich schnell bewegen, während ein Fahrrad oder ein Wohnwagen ein eher gemächliches Tempo andeuten. Sind Sie glücklich mit Ihrem Fortbewegungsmittel? Haben Sie noch Passagiere dabei? Wenn Sie sie sehen könnten, wen würden Sie dann sehen? Wie geht es Ihnen dabei? In welche Richtung bewegen Sie sich? Vorwärts, nach rechts? Oder nach links zurück in die Vergangenheit, um etwas zu heilen?

Gestalt

Wen haben Sie gezeichnet? Wenn nicht sich selbst, wen dann? Und was bedeutet dieser Mensch für Sie? Haben Sie ihm oder ihr die Verantwortung für Ihr Leben übertragen? In welche Richtung schaut die Gestalt? Schaut sie nach links, in die Vergangenheit, fragen Sie sich, ob Sie zu oft zurückschauen. Oder sieht sie nach rechts, in die Zukunft? Was fühlt und denkt diese Person?

Sonne

Die Sonne symbolisiert Ihre Macht, Ihre Kraft und Ihr Glück. Wo steht die Sonne? Steht sie im Zentrum Ihres Lebens und strahlt auf Sie herab? Oder steht sie in der Vergangenheit? Wird sie erst in der Zukunft scheinen? Ist sie blaßgelb, weist dies darauf hin, daß Sie viel denken und nicht sehr stark und glücklich sind. Ist sie goldfarben, deutet dies auf eine Menge Weisheit hin. Ist sie knallrot, zeigt dies an, daß Sie sich Ihrer Macht bewußt werden. Wird sie zum Teil von einer Wolke oder etwas anderem verdeckt? Geht sie auf, dann wächst Ihre Macht. Geht sie unter, weist dies auf eine günstige Zeit hin, sich mit der geistigen Welt zu verbinden.

Wasser

Wasser symbolisiert Gefühle und Sexualität. Ist es klar oder verschmutzt? Fließt es? Ist es ein großes oder ein kleines Gewässer? Fühlt es sich sicher genug an, um sich hineinzubegeben? Haben Sie irgend etwas hineingezeichnet? Was bedeutet das?

Blume

Die Blume symbolisiert Ihr Innerstes, Ihre Kreativität und Schönheit. Was für eine Blume haben Sie gezeichnet? Ist es eine gewöhnliche oder seltene Blume? Ist sie zart oder stark? Was fühlen Sie dieser Blume gegenüber? Wo wächst sie? An einem sicheren Ort? Befindet sich Ihr Innerstes in der Sonne, wo es gedeihen kann, oder verkümmert es im verborgenen?

Zaun

Der Zaun symbolisiert eine Blockade. Was haben Sie abgeblockt? Was steht Ihnen im Weg? Gibt es irgendwo eine Durchgangsmöglichkeit? Befindet sich der Zaun in der Vergangenheit, oder steht er Ihrer Zukunft im Weg? Wie hoch ist er? Welchem Zweck dient er? Wenn er Ihnen im Weg steht, wie können Sie auf kreative Weise damit umgehen?

Weg

Ein Weg symbolisiert Ihren Lebensweg. Ist er breit oder schmal? Gerade oder gewunden? Holprig oder eben? Führt er nach rechts in die Zukunft? Oder nach links zurück in die Vergangenheit? Das letztere weist darauf hin, daß Sie zurückgehen müssen, um etwas zu heilen, oder daß Sie in der Vergangenheit leben. Ist der Weg frei von Hindernissen, oder wird er durch etwas versperrt?

Schmetterling

Ein Schmetterling symbolisiert Verwandlung – Metamorphose – und weist auf Freude und innere Schönheit hin. Wie groß ist der Schmetterling? Fliegt er, oder ruht er sich aus? Sitzt er auf einem Symbol oder in der Nähe? Was glauben Sie, was das zu bedeuten hat? In welche Richtung fliegt er? Vorwärts nach rechts oder zurück nach links?

Tor

Ein Tor symbolisiert eine Möglichkeit. Ist das Tor offen, weist dies darauf hin, daß Sie vorangehen können. Ist es halb offen, zu oder gar verschlossen, zeigt dies an, daß Sie noch nicht bereit sind, weiterzugehen. Befindet sich das Tor im Zaun, deutet dies darauf hin, daß es einen Ausweg aus Ihrer Situation gibt. Steht das Tor mitten auf dem Weg? Hält es Sie auf, oder hat es Sie in der Vergangenheit aufgehalten? Was ist auf der anderen Seite des Tors?

Tier

Das Tier, das Sie gezeichnet haben, symbolisiert natürlich einen Aspekt Ihres Selbst. Welche Eigenschaften verbinden Sie mit diesem Tier? Diese Eigenschaften besitzen auch Sie. Sind sie positiv, danken Sie Ihrem Unbewußten dafür, daß es Sie darauf aufmerksam gemacht hat. Sind sie negativ, haben Sie diese Eigenschaften offensichtlich in der Vergangenheit gebraucht, um sich zu schützen. Wie können Sie das jetzt ändern? Wo befindet sich das Tier? Ist es im Wasser oder auf dem Weg? Hat es sich versteckt, kommt es aus der Vergangenheit? Was sagt Ihnen dies über Ihre eigenen Eigenschaften?

Suchen Sie sich wieder Symbole aus, und zeichnen Sie sie. Seien Sie sich darüber im klaren, daß Ihr Unbewußtes auch jetzt eine Möglichkeit finden wird, Ihnen bestimmte Informationen zu vermitteln, obwohl Sie bereits wissen, wie Sie die Informationen zu deuten haben. Zeichnen Sie auch die Symbole, die Sie noch nicht gezeichnet haben. Fragen Sie sich dabei, warum Sie sie vorher ausgelassen haben.

Die Wahl der Farben

Es ist von großer Bedeutung, für welche Farben Sie sich entscheiden. Sie repräsentieren nämlich Gefühle, die von hellsichtigen Menschen wahrgenommen werden können.

Vielleicht haben Sie jemanden in einer bestimmten Farbe gezeichnet, weil er immer diese Farbe trägt. Er kleidet sich in dieser Farbe, weil er bestimmte Gefühle ausdrücken möchte, und Ihr Unbewußtes hat Sie nun darauf aufmerksam gemacht.

Schauen Sie sich Ihre Zeichnungen noch einmal an. Durch die Deutung der Farben werden Sie weitere Informationen erhalten.

Starke leuchtende Farben deuten darauf hin, daß Sie positiv eingestellt und zentriert sind und Ihren Idealen treu bleiben.

Zarte Pastelltöne zeigen Unreife oder eine Schwäche in dem betreffenden Bereich an.

Verwischte schwache Farben weisen darauf hin, daß Sie nicht auf dem Boden der Tatsachen stehen, in den Wolken schweben oder ein großer Ästhet sind.

Schmutzige oder trübe Farben deuten auf geistige oder emotionale Negativität hin, mit der Sie sich auseinandersetzen müssen.

Braun
Leuchtendes Braun: erdverbunden, körperlich, praktisch, materialistisch
Stumpfes Dunkelbraun: Depression, Untätigkeit, fehlender Ehrgeiz
Schlammiges Braun: negative Einstellungen, Verwirrung
Grünbraun: Gier, Eifersucht, Negativität

Schwarz
unterdrückt, ängstlich, geheimnisvoll, total weiblich

Grau
Trauer, Traurigkeit, Depression

Rot
Leuchtendes Rot: Energie, Vitalität
Hellrot: dasselbe, aber weniger stark und nicht ausgereift
Schmutziges Rot: Wut, fehlgeleitete Energie
Blutrot: Menstruationsprobleme, Probleme mit den Wechseljahren oder bei der Geburt

Orange
Freundlich, gesellig, extrovertiert, auf positive Weise ehrgeizig

Pfirsich
Sinnlich, eine Kombination aus dem Rosa der Liebe und dem Gold der Weisheit

Gelb
Männliche Farbe, Denken, kopforientiert
Tiefgelb: inspiriert, auf einer Mission
Golden: Weisheit
Schmutziges Gelb: negatives Denken, Verwirrung, gesundheitliche Probleme

Grün
Smaragdgrün: Dienst am Nächsten, innerer Friede, Liebe, Ausgeglichenheit
Avocado / gelbgrün: Feigheit, Täuschung
Khaki / Olivgrün: unbewußte Ängste, Konformismus
Zartes Grün: Unreife, Sympathie aber keine Empathie
Frühlingsgrün: neues Wachstum, Heilung, Vitalität
Dunkelgrün: negativ, strafend

Rosa
Die Farbe des Herzens, Liebe
Zartes Rosa: der Wunsch, zu berühren oder berührt zu werden, Sehnsucht nach der Geborgenheit als Baby und danach, genährt und aufgebaut zu werden
Sattes Rosa: tiefe, reife Liebe
Magenta: Durchbruch zur höchsten Liebe

Blau
Die Farbe des Weiblichen, spirituell, treu, authentisch
Türkis: kommunikativ, vermittelnd, ehrlich
Hellblau: kann negativ sein, auf Abhängigkeiten oder sich entwickelnde spirituelle Eigenschaften hinweisen
Blaugrün: spiritueller Lehrer, friedliebend, vertrauenswürdig
Dunkelblau: Intuition, Heilkräfte, spirituell, weise

Malve
Helles Malve: abgehoben, Flucht in Phantasiewelten
Rosa Malve: Erleuchtung, Durchbruch, Umwandlung

Lila
Große Spiritualität, Einssein mit Gott, Heilkräfte

Purpur:
Verborgene Wut, Märtyrertum, Opfer

Violett
Große Spiritualität, erleuchtet, religiöses Streben, spiritueller Führer, Hingabe

Weiss
Raum, Offenheit, Reinheit, Neubeginn; aber auch: Vertuschung

Elfenbein
Überlegenheit, Reinheit mit einem Hauch Negativität

Silber
Mediale Fähigkeiten, beschützend, gerecht

Gold
Weisheit

Schauen Sie sich die Farben an, und erspüren Sie, was sie für Sie bedeuten.
Zeichnen Sie Symbole Ihrer Stärken und Schwächen, und achten Sie darauf, welche Farben Sie dabei verwenden.

Ein Mandala ist ein Symbol für Ganzheit – ein Kreis. Zeichnen Sie einen Kreis, und malen Sie ihn farbig aus. Bringen Sie diese Zeichnung der höchsten Quelle als Opfergabe dar, und konzentrieren Sie sich bei der Ausführung ganz auf Schönheit. Dadurch wird sich Ihre Schwingung automatisch erhöhen.

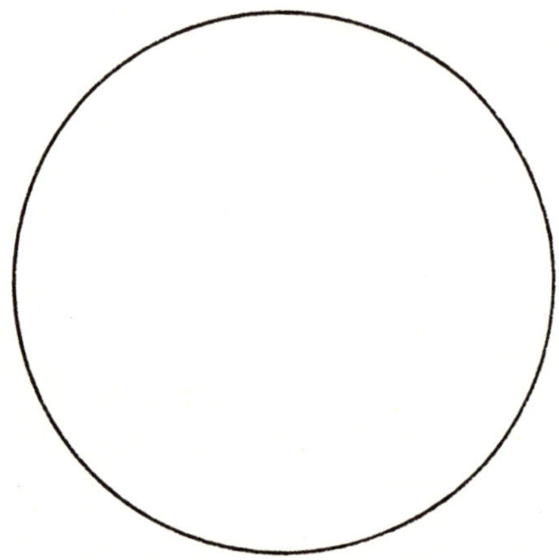

Die Chakren

Zum besseren Verständnis der Chakren

Als Chakren bezeichnen wir die spirituellen Energiezentren des Körpers. Ihre Aufgabe besteht darin, Schwingungen, Gefühle und Energien aufzunehmen, sie zu reinigen und umzuwandeln.

Das Wort »Chakra« ist Sanskrit und bedeutet »Rad« oder »Kreis«. Hier will ich lediglich die sieben Hauptchakren beschreiben, obwohl sich überall im Körper auch kleinere Chakren befinden.

Die sieben Chakren

Das Wurzel-Chakra am Steißbein ist rot.
Das Sakral-Chakra im Unterleib ist orange.
Das Solarplexus–Chakra im Bauch ist gelb.
Das Herz-Chakra in der Brustmitte ist grün.
Das Kehlkopf-Chakra in der Kehle ist blau.
Das Dritte-Augen-Chakra in der Stirnmitte ist indigo.
Das Kronen-Chakra auf dem Schädeldach ist violett.

Bei einem spirituell unterentwickelten Menschen ähneln die Chakren stumpfen Scheiben. Wenn wir uns aber spirituell entwickeln, wachsen sie und fangen an zu strahlen – wie Blüten an einem Stengel.

Der Stengel verläuft entlang des Rückgrats. Jedes Chakra ist mit dem Stengel durch eine kleine Verästelung verbunden. Wenn die Chakren im Gleichgewicht sind und richtig funktionieren, drehen sie sich.

Ist ein Chakra aber mit Negativität gefüllt, verschließt es sich und hört auf zu rotieren – wie jedes andere vor Dreck starrende Rad auch. An den Stellen, an denen sich Anspannung und Angst angesammelt haben, ist das betreffende Chakra blockiert. Alte schmerzhafte Erinnerungen, Verletzungen und Wut aus der Vergangenheit verstopfen diese Energiezentren, so daß die kosmische Energie nicht durch sie hindurchfließen kann. Wenn wir nichts dagegen tun, wird daraus irgendwann eine körperliche Krankheit entstehen.

Die drei unteren Chakren regeln die materiellen, physischen und sexuellen Aspekte des Lebens. Wenn wir nur an diesen Dingen interessiert sind, befinden wir uns nicht im Gleichgewicht. Somit bestimmen diese Zentren auch über die Lernfähigkeit mit.

Die oberen Chakren sind für geistige und spirituelle Funktionen zuständig. Natürlich befinden wir uns auch dann nicht im Gleichgewicht, wenn nur diese Zentren funktionieren.

Unsere Aufgabe auf der irdischen Ebene besteht darin, alle unsere Chakren ins Gleichgewicht zu bringen. Wenn sie offen und ausgeglichen sind, kann die Kundalini-Energie, unsere innerste Lebenskraft, vom untersten Chakra die Wirbelsäule entlang bis zum Kronen-Chakra aufsteigen, so daß wir erleuchtet werden.

Je mehr wir uns öffnen, desto höher wird unsere Schwingung, und unser Licht strahlt heller. Dadurch können wir von den fortgeschrittenen Wesen auf der geistigen Ebene, die uns helfen möchten, besser wahrgenommen werden. Sie können ihre Schwingung nämlich nur bis zu einem gewissen Grad absenken und können uns nicht helfen, solange wir die unsere nicht anheben.

Da jedes Chakra eine Farbe des Regenbogens ist, werden wir zu weißem Licht, wenn sie alle in perfekter Harmonie rotieren.

Ein Chakra-Test

Um herauszufinden, welches Ihrer Chakren besondere Aufmerksamkeit benötigt, können Sie mit Hilfe einer zweiten Person die folgende Übung ausführen.

Ist ein Chakra schwach, wird nur eine schwache Energie durch den Arm fließen. Daher können wir mit der folgenden Methode herausfinden, wo unsere Stärken und Schwächen liegen.

Stehen Sie entspannt und aufrecht, und legen Sie die linke Hand auf das Kronen-Chakra. Heben Sie den rechten Arm, und halten Sie ihn parallel zum Boden. Die andere Person soll nun versuchen, Ihren Arm nach unten zu drücken, und Sie bemühen sich, den Arm oben zu halten. Wenn das Chakra schwach ist, wird der Arm nach unten gedrückt werden. Wenn es aber stark ist, wird auch die Muskulatur des Armes stark genug sein, um dem Druck zu widerstehen.

Wiederholen Sie die Übung für jedes Chakra auf die gleiche Weise. Der andere sollte jedes Mal denselben Druck anwenden, und Sie sollten gleichfalls mit demselben Kraftaufwand widerstehen.

Schreiben Sie hier auf, was Sie bei dieser Übung herausgefunden haben.

Die unteren Chakren

Das Wurzel- oder Basis-Chakra (rot)

Bei Männern befindet es sich am Ende des Steißbeins, bei Frauen zwischen den Eierstöcken. Dieses Chakra ist für unser Überleben verantwortlich. Hier stecken unsere primitiven Ängste in bezug auf Geld, Nahrung, Arbeitslosigkeit, Katastrophen, Vergewaltigung und so weiter. Wenn wir uns zum Beispiel finanzielle Sorgen machen, verspannen wir uns in diesem Bereich, was zu Rückenbeschwerden führt. Bringen wir dieses Chakra aber ins Gleichgewicht, wirkt das beruhigend auf unser zentrales Nervensystem und baut Verspannungen im Rücken, in den Nieren und Nebennieren ab.

Ist dieses Chakra ausgeglichen, befinden wir uns in unserer Mitte. Wenn wir zuviel Yin in uns haben, stehen wir mit den Füßen nicht fest auf dem Boden der Tatsachen. Wir sind zu leicht zu beeindrucken und in Gefahr, den Kontakt zur Realität zu verlieren. Möglicherweise leiden wir unter Durchfall. Haben wir zuviel Yang in uns, dann halten wir uns zu sehr unter Kontrolle, klammern uns fest oder arbeiten zuviel. Wir blockieren unsere Kreativität und neigen zur Verstopfung.

In diesem Chakra ruht unsere Lebenskraft und Leidenschaft, die Kundalini-Energie. Sie liefert den »Treibstoff« und verleiht uns die Vitalität, um unsere Ziele erreichen zu können. Ist dieses Zentrum offen und rotiert es ohne Behinderung, werden materieller Erfolg und Kreativität zum festen Bestandteil unseres Lebens.

Das Sakral- oder Milz-Chakra (orange)

Dieses Chakra befindet sich in unserem Unterleib. Hier liegt der Ursprung unserer Einstellung gegenüber Sünde und Schuld, sexuellem Verlangen und sinnlichem Vergnügen. Es ist unser emotionales und sexuelles Chakra, das auch sehr viel mit unseren Eßgewohnheiten zu tun hat.

Wenn wir dieses Chakra ins Gleichgewicht bringen, wird dies bei allen Frauenproblemen helfen – von der Menstruation bis zu den Wechseljahren. Es reguliert die Körperflüssigkeiten, beruhigt die Blase und hilft auch bei Arthritis und Blutkrankheiten.

Unsere Aufgabe besteht darin, sowohl auf der sexuellen wie auch auf der emotionalen Ebene die richtige Balance zwischen Geben und Nehmen zu finden. Überwiegt in uns das Yin, neigen wir auf sexuellem Gebiet zur Frigidität oder Impotenz. In bezug aufs Essen werden wir zu Appetitlosigkeit oder sogar Magersucht neigen. Haben wir aber zuviel Yang, tendieren wir dazu, vom Sex oder vom Essen besessen zu sein.

Fließt die Energie ungehindert durch dieses Chakra, sind wir sexuell ausgeglichen und kreativ. Verfügen wir in diesem Zentrum über mediale Fähigkeiten, werden wir hellfühlig und nehmen die Gefühle anderer Menschen wahr. Das mag dazu führen, daß wir häufig emotional erschöpft sind oder sogar die körperlichen Schmerzen anderer Menschen in uns aufnehmen. Daher müssen wir lernen, unsere Energie in die höheren Chakren zu lenken.

Das Solarplexus-Chakra (gelb)

Hier liegt das Zentrum unserer persönlichen Macht, unseres Selbstvertrauens und unseres Selbstwertgefühls. Da dieses Chakra mit dem Verstand verbunden ist, werden wir uns durch bestimmte Ängste – zum Beispiel, nicht gut genug zu sein oder nicht gemocht zu werden – in diesem Bereich verspannen. Bringen wir dieses Zentrum ins Gleichgewicht, dan verhindern oder lindern wir Krankheiten wie Krebs und Tumore, die auf unterdrückter Wut basieren. Leber, Milz, Gallenblase und Magen werden von diesem Chakra beeinflußt.

Sind wir zu Yin-betont, dann fühlen wir uns machtlos und werden leicht zornig. Sind wir zu Yang-betont, werden wir aggressiv und gierig. Befinden wir uns aber im Gleichgewicht, können wir uns selbst und andere akzeptieren. Dieses Zentrum ist der wichtigste Bereich übersinnlicher Fähigkeiten. Funktioniert es nicht richtig, werden wir uns krank fühlen und keine Harmonie verspüren.

Die oberen Chakren

Das Herz-Chakra (grün)

Dies ist unser Liebeszentrum, in dem das Christusbewußtsein im Körper ruht. Wenn wir dieses Chakra öffnen und ins Gleichgewicht bringen, können wir Herzprobleme heilen, den Kreislauf anregen, Brust- und Schulterprobleme lindern.

In diesem Bereich besteht unsere Aufgabe darin, offen und liebesfähig zu werden und soziale Verantwortung zu übernehmen. Sind wir zu Yin-betont, dann sind wir übersensibel; sind wir zu Yang-betont, unsensibel. In beiden Fällen haben wir uns verschlossen und konzentrieren uns nur auf uns selbst. Ist unser Herz erst einmal offen, empfinden wir echtes Mitgefühl und bedingungslose Liebe.

Das Kehlkopf-Chakra (blau)

Hier befindet sich unser Kommunikationszentrum. Wenn wir dieses Chakra ins Gleichgewicht bringen, hilft das bei allen Halsproblemen – von Erkältungen und Halsschmerzen bis zur Kehlkopfentzündung und Schilddrüsenproblemen. Dieses Chakra verschließt sich, wenn wir Worte und Gefühle herunterschlucken, statt sie auszudrücken. Auch im Brustbereich können sich Emotionen anstauen, wenn wir sie nicht ausdrücken.

Bergen wir zuviel Yin in uns, dann ist es schwer für uns, uns offen und frei auszudrücken. Bei zuviel Yang reden wir zuviel.
Das Kehlkopf-Chakra ist ein sehr empfindliches spirituelles Zentrum. Es ist das Chakra der Hellhörigkeit, durch das wir uns auf unsere geistige Führung einstimmen. Hier hören wir unsere innere Stimme. Wir müssen allerdings lernen, zwischen der authentischen Stimme der Wahrheit und den Stimmen unserer Konditionierung zu unterscheiden, damit wir zu einem tiefen Verständnis unseres Menschseins gelangen können.

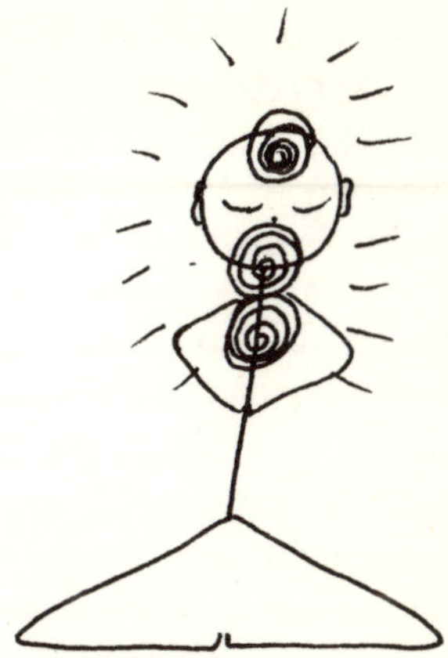

Das Chakra des Dritten Auges (indigoblau)

Das Dritte Auge befindet sich in der Mitte der Stirn, direkt zwischen den Augenbrauen. Es ist das Chakra geistigen Heilens und der Hellsichtigkeit. Wenn es sich nicht im Gleichgewicht befindet, bekommen wir wahrscheinlich Kopfschmerzen und haben Mühe, uns zu konzentrieren.

Ist dieses Zentrum aber offen, so daß die Energie hindurchfließen kann, können wir mit unserem inneren Auge sehen und unsere Gedanken so konzentrieren, daß wir andere Menschen heilen oder in schwierigen Situationen die Schwingung erhöhen können. Gelingt es uns, dieses Chakra frei zu halten, besitzen wir eine große Macht. Dann sollten wir allerdings um die Weisheit bitten, diese Macht richtig zu gebrauchen.

Das Kronen-Chakra (violett)

Es befindet sich auf unserem Schädeldach. Dort tragen Könige, Königinnen und religiöse Würdenträger Kronen, die ihre Verbindung zum Höchsten symbolisieren. Dieses Chakra wird häufig als Lotus mit tausend Blütenblättern dargestellt. Durch dieses Zentrum sind wir mit dem Universum und dem Grund unseres Seins verbunden.

Wenn dieser Bereich nicht im Gleichgewicht ist, fühlen wir uns im allgemeinen unausgeglichen, da wir uns nicht im Einklang mit unserem Höheren Selbst befinden. Unsere Aufgabe besteht darin, absolutes Vertrauen und Hingabe an Gott zu lernen.

Was wir von diesem Zentrum aus tun, geschieht aus reiner Intuition. Das heißt, daß wir zum Beispiel Auren nicht sehen, sondern einfach um sie wissen. Sich in diesem Zustand des Wissens zu befinden, ist die höchste Form des Dienens.

Schließen Sie nun die Augen, und entspannen Sie sich. Stimmen Sie sich zuerst auf Ihr Herz-Chakra, dann nacheinander auf alle anderen Chakren ein. Zeichnen Sie anschließend, wie Sie Ihre Chakren gesehen haben.

Visualisierungsübung, um die Chakren ins Gleichgewicht zu bringen

Nehmen Sie sich ausreichend Zeit für diese Übung, denn es ist sehr wichtig, daß Sie sich ins Gleichgewicht bringen und sich auf die Göttliche Macht einstimmen.

Setzen Sie sich mit geradem Rücken auf einen Stuhl oder – wenn Ihnen das lieber ist – im Schneidersitz auf den Boden.

Atmen Sie ruhig ein und aus, und stellen Sie sich vor, wie die Ausatmung sanft über Ihr Rückgrat streicht, bis es ganz entspannt ist.

Stellen Sie sich vor, Ihr Rückgrat sei ein Pflanzenstengel. Lassen Sie zunächst eine Schnur von Ihrer Wirbelsäule aus in den Boden wachsen. Dabei spielt es keine Rolle, ob Sie sich im ersten Stock oder gar in einer Dachwohnung befinden. Die Schnur wächst einfach durch alles hindurch in die Erde und schlägt dort Wurzeln. Auf diese Weise werden Sie geerdet.

Sobald Sie das Gefühl haben, geerdet zu sein, stellen Sie sich vor, daß jedes Chakra eine Blüte ist, die aus dem Stengel herauswächst. Sorgen Sie dafür, daß alle Blüten gerade stehen und direkt übereinander angeordnet sind. Finden Sie eine, die aus der Reihe tanzt, ziehen Sie sie behutsam wieder auf ihren Platz. Möglicherweise spüren Sie dabei bereits eine Veränderung in Ihrem Körper.

Atmen Sie tief in das Basis-Chakra hinein. Stellen Sie sich an dieser Stelle eine leuchtendrote Blüte vor. Wenn sie sich ganz geöffnet hat, begeben Sie sich in sie hinein und säubern sie. Möglicherweise tauchen dabei alte Bilder, Erinnerungen oder Gefühle auf, die das Chakra verstopft haben. Ziehen Sie sie heraus, und übergeben Sie sie dem Universum, das sich darum kümmern wird, oder schicken Sie sie durch die Schnur hinab in die Erde.

Ist das Chakra sauber und leer, erfüllen Sie es mit Licht und versetzen es behutsam in Drehung.

Gehen Sie auf diese Weise die Chakren der Reihe nach durch. Entspannen, öffnen und säubern Sie eines nach dem anderen. Füllen Sie sie mit Licht, und versetzen Sie sie in Drehung. Nach dem roten

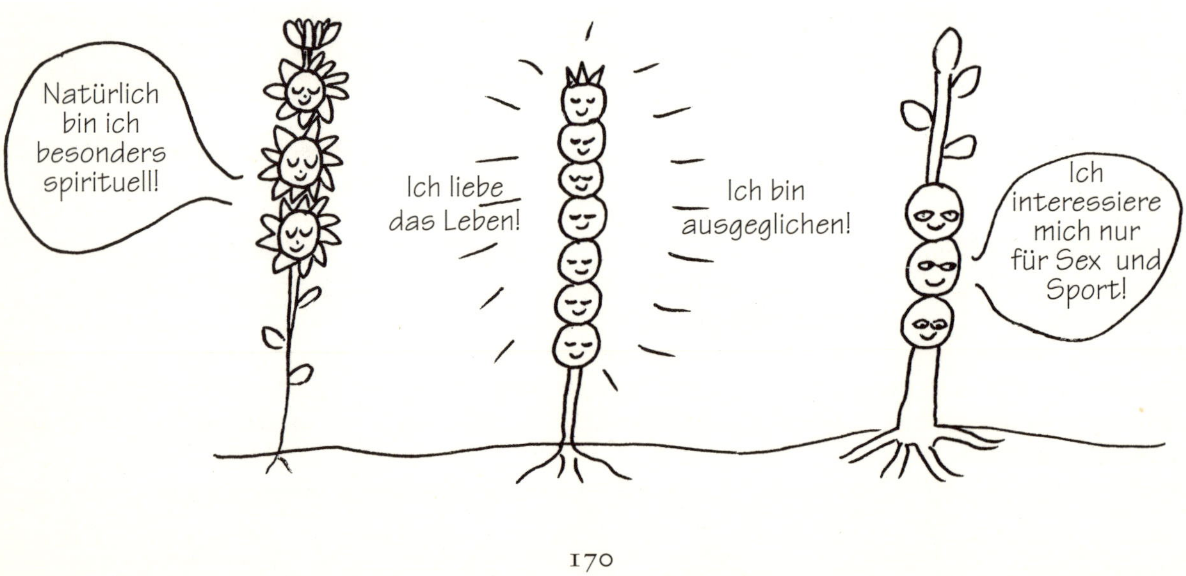

Chakra folgt das orangefarbene im Unterleib, dann das gelbe im Solarplexus, das grüne im Herzen, das blaue im Hals, das indigoblaue Dritte Auge und zum Schluß das violette Kronen-Chakra auf dem Schädeldach.

Wenn Sie damit fertig sind, stellen Sie sich vor, daß *Sie selbst* in allen Regenbogenfarben strahlen. Da sich diese Farben drehen, werden *Sie selbst* zu weißem Licht. *Sie* sind ein vollkommenes, strahlendweißes Licht.

Atmen Sie in dieses weiße Licht hinein, und seien Sie gewiß, daß Sie in diesem Zustand mit Ihrem Höheren Selbst verbunden sind. Lassen Sie sich Zeit, dieses Gefühl auszukosten. Achten Sie auf alle auftauchenden Gedanken und Eindrücke.

1 Schreiben Sie hier Ihre Eindrücke auf.

____

____

____

2 Wiederholen Sie die Übung von Seite 166 (den Chakra-Test), und schreiben Sie auf, um wieviel stärker die Chakren nach dieser Übung sind.

____

____

____

Eine Reise durch die Chakren

Die letzte Übung ist eine spirituelle Reise durch die Chakren. Indem Sie sich auf diese innere Reise begeben, erweitert sich Ihr Bewußtsein, und Ihre Chakren werden strahlender und reiner.
Schließen Sie die Augen, und entspannen Sie sich. Atmen Sie ruhig ein und aus, bis Sie sich in einem meditativen Zustand befinden.
Sie stehen nun auf einer grünen Wiese. Schauen Sie sich die Wiese in aller Ruhe an. Sie ist der Ausgangspunkt für Ihre Reise auf den Berg der Seele.
Gehen Sie jetzt voller Hoffnung und Erwartung auf die unteren Hänge dieses Berges zu. Spüren Sie die Erde unter Ihren Füßen; riechen Sie die roten Rosen. Sie sind auf allen Seiten von leuchtendroten

Blumen umgeben. Setzen Sie sich auf eine Bank oder einen Baumstamm, und atmen Sie Kraft, Mut und Energie ein.
Nun steigen Sie mit einem Gefühl der Freude und des Glücks weiter hinauf, bis Sie um sich herum viele Arten von orangefarbenen Blumen sehen. Rasten Sie hier, und legen Sie ein Blumenbeet an, in das Sie wunderschöne Samen säen. Begießen Sie sie liebevoll, segnen Sie sie, und gehen Sie dann weiter.
Nun kommen Sie auf eine gelbe Ebene, auf der unzählige goldgelbe Narzissen blühen. Setzen Sie sich an ein Lagerfeuer. Schreiben Sie Ihre Ängste auf Papier, und werfen Sie jedes Stückchen in die Flammen. Schauen Sie zu, wie sie vom Feuer verzehrt werden. Atmen Sie Kraft, Selbstvertrauen und Selbstsicherheit ein, bis Sie das Gefühl haben, das Feuer brenne in Ihnen.
Klettern Sie nun voller Selbstvertrauen weiter auf ein grünes Plateau, dessen weiches Gras sich einladend anfühlt. Berühren Sie es mit den Zehen; fühlen Sie es. Spüren Sie auch die Brise, die sanft durch Ihre Haare weht. Sie können das Rascheln der Blätter in den Bäumen hören. Sie spüren, wie der kosmische Christus das Plateau betritt und Sie voller Liebe anschaut. Ihr Herz fühlt sich weit, offen und voller Frieden. Sie sind eins mit allen und allem.
Nachdem Sie gerastet haben, wandern Sie weiter bergan zu einem türkisblauen See mit kristallklarem Wasser. Ziehen Sie sich aus, und lassen Sie sich vom Wasser tragen. Die Zeit steht still, während Sie innerlich und äußerlich gereinigt werden. Denken Sie an Wahrheit und Glauben. Steigen Sie dann aus dem Wasser, und ziehen Sie sich wieder an.
Noch weiter oben sehen Sie blaue Blumen. Hier verspüren Sie ein tiefes Gefühl des Friedens. Ein Wasserfall stürzt über die Felsen herab. Rasten Sie hier, und warten Sie darauf, daß Ihr weiser Führer erscheint. Wenn er kommt, hören Sie zu, was er Ihnen zu sagen hat. Fragen Sie Ihren Führer nach seinem Namen. Wann immer Sie ihn rufen, sind Sie Ihrer spirituellen Führung näher.
Wandern Sie bis auf den Gipfel des Berges. Öffnen Sie Ihre Arme, und werden Sie sich des Lichts des Großen Geistes bewußt, das in Ihr Bewußtsein strömt. Spüren Sie das Gefühl des Einsseins.
Wandern Sie dann langsam wieder hinunter. Trinken Sie beim Abstieg aus dem Wasserfall. Schauen Sie nach, ob Ihre Samen gewachsen sind. Begießen Sie sie noch einmal.
Kehren Sie auf die Wiese zurück, und entspannen Sie sich dort. Öffnen Sie die Augen, wenn Sie dazu bereit sind.

Zeichnen Sie Ihre Reise durch die Chakren.

Die Originalausgabe erschien 1993 unter dem Titel
»Transform Your Life« bei Judy Piatkus (Publishers) Ltd., London.
© 1993 by Diana Cooper
Published by Arrangement with Judy Piatkus (Publishers) Ltd.

Der Ansata Verlag ist ein Unternehmen der
Verlagshaus Goethestraße GmbH & Co. KG, München

ISBN 3-7787-7200-7

Erste Auflage 1999
© 1999 by Verlagshaus Goethestraße GmbH & Co. KG, München
Alle Rechte vorbehalten. Printed in Germany
Zeichnungen: Diana Cooper
Umschlagmotiv: Robert Wicki
Gesetzt aus der Sabon bei Franzis print & media GmbH, München
Druck und Bindung: Pustet, Regensburg